Guardião Sete
O Chanceler do Amor

Rubens Saraceni
Inspirado pelo Espírito Maria Alice Nascimento

Guardião Sete
O Chanceler do Amor

MADRAS

© 2019, Madras Editora Ltda.

Editor:
Wagner Veneziani Costa

Produção e Capa:
Equipe Técnica Madras

Revisão:
Bruna Martins Fontes
Miriam Rachel Ansarah Russo Terayama

Dados Internacionais de Catalogação na Publicação (CIP)
(Câmara Brasileira do Livro, SP, Brasil)

Nascimento, Maria Alice (Espírito).
Guardião sete: o chaceler do amor/inspirado pelo espírito Maria Alice Nascimento; [psicografado por] Rubens Saraceni. – 5. ed. – São Paulo: Madras, 2019.

ISBN 978-85-370-0497-5

1. Mediunidade 2. Psicografia 3. Romance brasileiro 4. Umbanda (Culto) I. Saraceni, Rubens. II. Título.
09-05241 CDD-299.672

Índices para catálogo sistemático:
  1. Romance mediúnico : Umbanda 299.672
  2. Umbanda : Romance mediúnico 299.672

Proibida a reprodução total ou parcial desta obra, de qualquer forma ou por qualquer meio eletrônico, mecânico, inclusive por meio de processos xerográficos, incluindo ainda o uso da internet, sem a permissão expressa da Madras Editora, na pessoa de seu editor (Lei nº 9.610, de 19/2/1998).

Todos os direitos desta edição reservados pela:

MADRAS EDITORA LTDA.
Rua Paulo Gonçalves, 88 — Santana
02403-020 — São Paulo / SP
Caixa Postal 12183 – CEP 02098-970 — SP
Tel.: (11) 2285-5555 – Fax: (11) 2959-3090
http://www.madras.com.br

ÍNDICE

Uma Palavra do Autor 7

Apresentação 9

A Agonia e o Êxtase 11

Uma Palavra do Autor

Este livro não deve ser lido e entendido só como um romance espiritual porque todas as vivências do seu personagem principal são descrições romanceadas de iniciações e dos campos em que elas acontecem e são aplicadas.

Em momento algum o leitor deve se ater ao sentido literal das palavras porque o que aqui lerão serão descrições "veladas" de mistérios da criação, proibidos de serem revelados abertamente ao plano material da vida.

Esperamos que "os que têm olhos para ver" vejam um pouco mais além do que esta narrativa já está revelando e comecem a entender que os mistérios divinos abrangem muito mais do que o campo que já foi aberto pela literatura espiritualista.

Ele é uma continuação do livro *Os Guardiões da Lei Divina – a Jornada de um Mago –*, e tudo o que aqui está sendo revelado ou descrito insere-se em um contexto maior, cujo propósito é mostrar aos leitores espiritualistas uma nova forma de abordagem dos mistérios da criação.

Este livro vem somar-se a uma série iniciada com *Hash-Meir* e estendida com a série "Guardiões", tais como: *O Guardião das Sete Portas, O Guardião da Meia-Noite, O Guardião Tranca-Ruas, O Guardião das Sete Encruzilhadas, O Guardião do Fogo Divino*, etc.

Todos os livros acima citados têm algo em comum: são descrições de vivências de Guardiões que atuam sobre espíritos caídos nas trevas da ignorância, com ênfase aos que caíram por causa de excessos cometidos no campo do sétimo sentido e, mais especificamente, no campo da sexualidade, dos relacionamentos macho-fêmea, campo pouco explorado na já vasta literatura espiritualista, avessa a desvelar os mistérios da geração e da concepção da vida.

Mas nós sabemos, e muito, que a parte humana da Bíblia começa com Adão e Eva, ou seja, com o relacionamento sexual do primeiro casal "humano" criado por Deus, que foi expulso do "paraíso" justamente por ousar obter o prazer a partir da comunhão dos sentimentos de amor e da realização dos seus desejos.

Ainda bem que ousaram tais coisas; caso contrário, nós não estaríamos aqui hoje porque não teria tido início a hereditariedade humana no plano material.

Mas, como na cultura judaico-cristã o sexo é tido como a realização de baixos instintos, os relacionamentos macho-fêmea devem ser ocultados sob a aura do pecado original e só se consegue justificá-los a partir da procriação das espécies; um dos sete sentidos capitais passou a ser um tormento, em vez de ser um meio de a vida evoluir por meio da comunhão de sentimentos, sejam eles de amor ou de desejo.

E, neste livro, mais especificamente, a autora espiritual conduznos a um campo no qual os desencontros amorosos e a não realização de um sentimento tão humano, como é o dos seres se relacionarem e se realizarem, leva à negativação mental e a quedas espirituais acentuadas, que paralisam a evolução de muitos.

É neste campo, o do amor não vivenciado, que o Guardião Sete atua e transmuta os sentimentos negativos dos espíritos retidos nas trevas, assim como revela a existência desse mesmo negativismo nos espíritos que alcançaram faixas da luz, ainda que ocultem a todo custo que, neste campo, todos sofremos por causa do pecado original, que é o estigma da humanidade.

Amor e sexo! Onde um começa antes do outro, se a própria multiplicação da nossa espécie depende de que ambos se realizem em equilíbrio, senão por ambos seremos desequilibrados?

Esperamos que você, amigo leitor, ao ler este livro, transmute em seu íntimo determinados sentimentos e depure certos conceitos a respeito do "pecado original", porque aqui, em vez de culpá-lo pela queda de "Adão e Eva" – homem e mulher –, ensina-se que por meio da aceitação do amor e do sexo como os dois lados de uma mesma coisa e que devem ser vivenciados como um meio de a vida fluir, é que o "pecado original" será transmutado e elevado à condição de responsabilidade com algo tão poderoso e sensível, prazeroso e criativo como só o amor e o sexo em equilíbrio conseguem ser... pois, se a nossa geração se iniciou com o que Adão e Eva ousaram; no entanto, só ousaram porque se amavam e se desejavam.

Rubens Saraceni

APRESENTAÇÃO

Eu sou conhecido entre os meus irmãos Guardiões por vários nomes.
Uns me chamam de Guardião da Vida; outros me chamam de Chanceler do Amor; outros me chamam de Caminhante; outros me chamam de Irmão Cristalino e os que já conhecem e manifestam naturalmente os seus mistérios me chamam de Guardião do Sétimo Sentido da Vida, ou Guardião Sete.
Muitos são os nomes pelos quais sou conhecido, e outros ainda se somarão a eles porque minha caminhada está apenas começando, creio eu.
Se algumas passagens de minha jornada aqui relatadas parecerem impróprias ou pouco recomendáveis a um espírito, entendam que sou como sou e não nego minha natureza íntima, minha origem e meu mistério ancestral, o qual aflorou em mim assim que "morri" para a "carne" e despertei para o espírito, e em espírito tenho vivenciado o meu mistério gerador de energias sustentadoras da vida.
Muitas passagens estão veladas por vivências que, se ocultam meu mistério, no entanto são as chaves de acesso a ele.
Encontrem-nas quem me aceitar como sou, e percam-nas quem as negar como naturais, inexistentes em si mesmos.
Mas que ninguém me julgue ou me condene porque um dia poderão ser surpreendidos pela abertura em si próprios de algum mistério cujas chaves são as que serão mostradas aqui.
Só peço que entendam que um mistério é como é, e não temos como bloquear seu fluir natural por meio dos nossos sentidos espirituais, pois, se tentamos bloquear o seu fluir, somos atormentados pelas energias geradas em nosso íntimo por ele, assim que inicia sua abertura em nosso mental, porque é nele que o trazemos adormecido desde que fomos gerados pelo nosso Senhor e nosso Divino Criador.

As nossas múltiplas encarnações têm como função amadurecer nossa herança genética divina, herdada de Deus, o nosso Divino Pai e Divino Criador.

Quando nossa herança amadurece, tal como uma semente, ela germina e um mistério da vida aflora em um ou em vários dos nossos sentidos espirituais. E a partir desse momento deixamos de comandar nossa vida, pois perdemos nosso livre-arbítrio e passamos a ser comandados por uma vontade e uma força mil vezes superior a tudo que possam imaginar.

Passamos a ser guiados pelo poder do Senhor do mistério que herdamos do nosso Divino Criador.

Daí em diante nossa vida não nos pertence mais porque nos tornamos uma extensão espiritual do nosso Senhor e do nosso Divino Criador.

Deixamos de ser espíritos "comuns" e nos tornamos seres "incomuns", dotados de um poder de realização imensurável porque nos tornamos um mistério em nós mesmos e uma manifestação espiritual e uma individualização do Senhor do nosso mistério, que é impessoal e é coletivo.

Espero que apreciem este pequeno relato de minhas caminhadas espirituais.

A Agonia e o Êxtase

Eu dormira profundamente e nada mais me incomodava.

O meu Senhor, atuando em meu íntimo, curou-me, pois assim que despertei, vi-me como era em espírito. Mas o lugar onde eu me encontrava era estranho.

O que estava à minha espera nesse novo campo?

O que eu deveria fazer nele?

Fiz-me tantas perguntas que senti que faltava algo em que pudesse me firmar.

Por que eu estava sozinho em meio a um campo infinito em todas as direções em que eu olhava?

Será que era mais uma prova ou era um novo campo a ser conhecido, entendido e assimilado, incorporando-o ao meu mistério?

Eu não vi mais o fogo vivo em meu Corpo. Mas senti-o em meu íntimo.

– Tudo bem! – exclamei, não sei para quem, pois me sentia sozinho no meio de um campo infinito e muito diferente do campo-santo, onde antes me iniciara no Mistério das Energias.

Se era uma nova iniciação, eu iria guiar-me ou ser guiado segundo minhas vontades, necessidades e desejos pessoais. Sim, era isso!

Minha mente entrou em vertiginosa procura de um ponto em que pudesse me situar a partir dessa nova condição em minha vida, mas nada se mostrava que pudesse auxiliar-me em minha nova realidade.

Muito tempo depois de ter despertado, resolvi ter em mim mesmo um ponto de apoio mental e emocional, pois só eu poderia sustentar-me onde agora me encontrava. E pensei:

"Tudo bem! Se é assim que tem de ser, então que assim seja, oras! E se assim Deus quis que fosse, então que comigo assim seja!".

Levantei-me e dei uma olhada no campo à minha volta, para tomar um rumo qualquer, pois o dia começava a raiar. Após ver que não havia uma direção melhor do que outra, caminhei sem rumo naquela relva úmida.

Às vezes pisava em alguma pedra e isso me conscientizava de que quase nada havia mudado, pois a sola dos meus pés doíam ao contato com elas.

Devo dizer que eu despertara no plano espiritual tal como um dia havia acordado para a vida no plano material, porém com uma diferença significativa. Agora era um ser adulto, mas completamente solitário.

O meu novo "corpo" não aparentava deformação alguma, assim como deficiências, e isso eu havia visto durante o tempo em que permanecera observando-me.

Quando terminou aquele campo verdejante, deparei-me com outro, coalhado de arbustos, alguns ameaçadores para meu corpo, pois eram verdadeiros espinheiros. Após contemplá-lo demoradamente, pensei:

"Eis o prenúncio do que tenho à minha frente, meu Senhor! Espinhos, pedras e" ... – deixei o resto no ar, pois talvez o que eu viesse a imaginar acabasse encontrando. E isso não me parecia bom.

Então, caminhei por muito tempo, e com cautela, naquele novo campo.

Quando o Sol estava a pino, resolvi recolher-me à sombra de uma árvore maior que surgiu em uma depressão não muito acentuada.

Como me sentia cansado, meditei um pouco sobre como me energizar, já que por ali não havia alimentos e me sentia fraco. Então, experimentei um método aprendido no plano material com os meus Mestres da Luz.

Estendi as mãos espalmadas para cima e me concentrei nas correntes eletromagnéticas que poderiam alimentar-me energeticamente. Aos poucos senti uma tênue corrente energética penetrar o centro das minhas mãos e ir se espalhando por todo o meu corpo.

Em pouco tempo senti todo o meu corpo envolvido em uma vibração energética deliciosa, e abri os olhos para ver o que estava acontecendo. Surpreso, vi-me envolto em uma aura cintilante que era formada de mil cores diferentes.

Pelas palmas das minhas mãos dois arco-íris penetravam e me tornavam cintilante.

Mantive a posição das mãos e fiquei a observar meu corpo, que jamais havia estado como eu o via naquele momento. Eu me sentia forte, vigoroso e com tantas energias que tinha a sensação de ter crescido.

De determinados pontos do meu corpo saíam aquelas energias que se espalhavam ao meu redor.

– Que maravilha! – exclamei, extasiado com o que via. E extasiado fiquei até que me ocorreu que eu descobrira um princípio de sustentação e de alimentação do meu corpo espiritual, mas que não deveria abusar dele por simples prazer, pois de alguma forma poderia ser prejudicial ao meu todo espiritual, criando uma sobrecarga energética.

Sim, isso percebi, pois do meu peito, testa, olhos, boca, umbigo e sexo, saíam energias multicoloridas em fachos luminosos que se expandiam à minha frente.

Então, virei as mãos para meu peito e as espalmei sobre ele para fechar aquela captação de energias tal como eu um dia havia aprendido.

Com aquele gesto o processo de captação cessou e a aura cintilante começou a refluir para dentro do meu corpo. Também cessou a irradiação pelos pontos citados há pouco. Mas meu corpo, admiravelmente irradiante, não retornou ao seu estado anterior.

Depois de meditar e não encontrar respostas, achei melhor observar o resto do meu "novo" corpo.

Sim, eu havia sofrido uma acentuada transformação em meu novo corpo espiritual. E aquilo me impressionou tanto que fiquei o resto do dia a contemplar-me e a meditar tudo o que acontecera após eu estender minhas mãos espalmadas para o alto. E, ainda que me sentisse incomodado pela excitação energética, acabei por esquecê-la também, e adormeci quando um torpor apossou-se do meu ser. Mas acordei assustado ao ouvir gritos desesperados.

Apurei a audição, localizei a direção de onde eles vinham e para lá dirigi-me às pressas.

Após muitos esbarrões em galhadas rasteiras, estanquei diante de uma cena chocante: um espírito estava caído e exangue no meio de uma roda de seres assustadores que, se eram humanos, no entanto com humanos não se pareciam. Duplamente chocado, perguntei:

– O que está havendo aqui?

– Quem é você? – respondeu-me, perguntando rispidamente, um daqueles algozes do infeliz espírito caído no solo.

– Não importa quem eu seja, companheiro. O que fazem com este nosso irmão?

– Este verme é seu irmão, estranho?

– Claro que é!

– Então temos contas a acertar contigo também, irmão do verme!

– Que contas?

– Ele nos deve muito, e pagará! E você, um irmão dele, irá pagar também! – exclamaram eles em uníssono, saltando sobre mim, que demorei a reagir à súbita agressão em massa.

Aquele bando hostil estava armado de porretes, de punhais, de facões e de chicotes, que usaram contra meu corpo sem a menor complacência. Urrei de dor e rolei no chão até notar que eu não "morria" novamente. Então, agarrei um braço qualquer e o puxei para junto de mim até sentir seu corpo. Aí, esmurrei-o com fúria e força, muita força!

O sujeito emitiu um grito rouco enquanto era lançado a uma longa distância até se estatelar contra um espinheiro, o que arrancou dele outro longo grito de dor.

Surpresos, os agressores recuaram alguns passos, o que vi como medo, e aproveitei para saltar sobre mais um deles, esmurrando-o com todas as minhas forças. Pouco depois ele desabava no solo, a se contorcer de dor.

Procurei outro para lutar, mas não vi mais ninguém à minha volta. Até o que caíra sobre o espinheiro havia desaparecido. E mais intrigado fiquei ao procurar com os olhos o que estava no solo. Não havia mais ninguém ali. Nem a vítima da impiedosa agressão daquele bando agora estava ali.

– Que absurdo! – exclamei confuso, olhando à minha volta. Mas o que mais me admirou foi quando procurei por ferimentos em meu corpo e não encontrei nem um arranhão.

Nada. Nem cortes, nem hematomas restavam no meu corpo depois de ter sido agredido brutalmente por mais de uma dezena de espíritos "desumanos".

Então, apanhei um longo chicote caído no chão e o segurei com força, exclamando:

– Canalhas, levaram aquele pobre infeliz com eles!

Eu não me esquecera do olhar de agonia que o infeliz, num relance, me enviara. Aquele olhar suplicante não me saía da mente enquanto caminhava depressão acima.

Depois de relembrar a lei do carma, reequilibrei-me um pouco, e comecei a meditar o meu próprio carma.

– É. Minha situação também não é cômoda! – concluí. – Estou num local desconhecido, sozinho e sem um rumo. Estou meio perdido! – exclamei, enquanto estalava o chicote no ar.

Caminhei muito tempo naquele campo coberto por arbustos. E mais avançaria se um pequeno descampado não tivesse chamado minha atenção.

No meio do descampado havia um casebre sombrio que despertou minha curiosidade. Resoluto, caminhei até ele.

Bem, o fato é que, mal cheguei no casebre, dele saí logo sem um rumo definido. Caminhei o resto da noite e boa parte do dia por aquele campo coberto de arbustos, até que vi uma campina à minha frente.

Enquanto caminhava, nada vi ou ouvi que despertasse minha atenção. Mas aquela campina, que se parecia com um tapete verde, encantou-me. Fiquei a contemplá-la por um longo tempo antes de me decidir a avançar.

Era estranho, mas aquela campina era tão linda que havia um encanto, uma magia sendo irradiada por ela.

Caminhei o dia todo e, quando a noite veio, deitei-me e fiquei a contemplar o mais lindo firmamento que já tinha visto.

Milhões não, bilhões de estrelas pairavam no firmamento. E pareciam tão perto que eu até cheguei a estender meus braços na direção delas para ver se apanhava alguma, só para mim!

Ali, deitado sobre a relva verde e macia, passei a noite. E quando o dia começou a clarear, voltei a caminhar pela campina. Mas agora dava passos lentos e respeitosos, pois sabia estar pisando um solo especial. Sagrado mesmo, acho eu! Ao entardecer, deparei com um córrego que corria como se fosse um espelho-d'água. Suas águas, cristalinas, emitiam-me um convite tentador. Eu, após dizer: "Seres divinos que sustentam este local sagrado, deem-me licença, sim? Eu vou mergulhar nessa água deliciosa!", despi-me rapidamente e corri para dentro da água. Mas, se à primeira vista ele parecia ser tão raso que mal cobriria meus pés, no entanto, afundei, afundei e afundei água adentro.

Ele parecia não ter fundo, pois eu olhava para baixo e só via água. E ainda que batesse meus braços e pernas tentando retornar à tona, no entanto, continuava a afundar no meio daquela água cristalina.

– Deus! Meu Deus! – clamei, já assustado. – Aonde estou indo? O que está acontecendo, meu Senhor?

Ainda que eu clamasse, continuava a afundar.

E tanto afundei que perdi a noção de espaço no meio de tanta água.

Como não adiantava me debater, tentei volitar de volta ao casebre. Mas não me foi possível. Essa faculdade de locomoção à velocidade da luz que os espíritos possuem, pois se deslocam por meio de impulsos mentais, ali não funcionou.

Eu comecei a ficar assustado e agoniado.

Aquela queda livre naquele meio aquático sem fim me assustou. Recordei-me de tudo o que havia acontecido comigo desde meu renascimento na carne até o momento em que entrara no riacho.

Relaxei-me e aos poucos comecei a harmonizar-me energeticamente. Aprumei meu corpo e não afundei mais. Dali em diante agi com um peixe tolhido por uma corrente aquática: nadei na direção em que aquela corrente me puxava.

Afinal, se nadar contra ela de nada adiantava, então para que me cansar? O certo era seguir a corrente, pois ela me conduziria. Para onde? Que importava?

– Morrer duas vezes não é possível. E, além do mais, não sinto dores ou qualquer outro incômodo além de sentir que estou sendo levado ou então afundando. Mas... espere, é isto! – exclamei, feliz. – Meu Deus, é isto! Como não percebi antes!

Eu sou um espírito "humano"! Assim, tenho um "peso específico", e certamente minhas energias são mais densas que as energias que formam este meio aquático. Aqui, ela tem a mesma "maleabilidade" que as águas no plano material. Logo, bastará conhecê-la e às leis que a regem que também saberei como retornar à tona. É isso!

Aos poucos fui me colocando em uma posição de relaxamento tal que pude me concentrar mentalmente. Então, estendi minhas mãos e comecei a captar energias aquáticas.

Tal como antes eu já vira acontecer, um turbilhão energético aquático começou a fluir para dentro do meu corpo. Pouco a pouco, fui me sentindo leve e como que integrado àquele meio. Quando parei de cair, também vi que meu corpo adquirira uma transparência cristalina, aquática mesmo!

E eu me movi na direção que bem quis.

Então, parei de absorver aquelas energias e sorri feliz. Eu havia me integrado a um meio extra-humano! Eu estava em uma outra dimensão da vida!

Examinei-me e meu corpo continuava com a mesma forma, mas agora tinha uma aparência cristalina que me encantou. Eu, como não podia deixar de ter feito, olhei mais uma vez para ter certeza de que não sofrera nenhum tipo de alteração a não ser a de ter-me tornado aquático e cristalino.

Lancei-me para a frente e alcancei uma velocidade vertiginosa. Meu corpo avançava tão rapidamente que no princípio tive dificuldade para enxergar. Mas pouco a pouco minha visão foi melhorando e eu conseguia ver o que havia na minha frente.

Logo eu via tudo à minha volta. E distingui "formas" aquáticas no meio daquele oceano cristalino. Mas passei tão rápido por elas que não consegui distingui-las muito bem.

Só que, pouco depois, aquelas mesmas formas estavam "nadando" ao meu lado e me "observando" com curiosidade. Parei e também fiquei a estudá-las, muito curioso. Acenei e sorri para aquelas criaturas, minhas irmãs em outro meio. E minha vibração foi captada, pois também captei ondas vibratórias agradáveis emitidas por elas.

Eu começava a conhecer um novo mundo, o reino elemental aquático!

Quando captei uma vibração que identifiquei como um convite para segui-los, eu os segui. Mas eles se moviam a uma velocidade muito superior à minha. Então, dois deles me seguraram pelas mãos e me puxaram a uma velocidade veloz mesmo, pois em dado momento me pareceu que eu ia perder os sentidos. Então parei!

Eu conseguia parar!

Tentei explicar que aquela velocidade me incomodava, e fui compreendido. Incrível, não? Mas se ali não eram emitidos sons, no entanto, a comunicação existia, e na forma de vibrações mentais que se irradiavam em "ondas aquáticas".

Acho que a propagação é igual à que certos peixes usam para identificar objetos à sua frente. Sei lá!

Mas que é algo muito parecido, isto eu sei que é. Havia uma comunicação que funcionava. E ela era o que sentíamos. As sensações vibram muito mais na "água" que no ar da Terra.

Minha mente vibrava a mil enquanto eu tentava absorver o máximo de informações possíveis.

Minhas mãos captavam as sensações das "mãos" que me puxavam. E notei uma sutil diferença entre as de um e de outro daqueles seres elementais.

– Homem e mulher! – pensei. – É isso! Macho e fêmea ou masculino e feminino em um meio original e muito mais sutil que o espiritual humano. Eu estou em um reino elemental, meu Deus! Não fui punido pelo meu Senhor! Ele apenas quer que um dos meus desejos seja realizado por inteiro e em todos os sentidos. E, se o meu Criador me facultou, então eu posso!

Bem, o fato é que fui levado a um local indescritível por palavras. Mas tentarei usar coisas humanas para dar uma ideia muito "pobre" do que vi ali. As aspas indicarão as coisas que vi.

"Rochas" cristalinas, "rochas" multicoloridas, e "plantas" de várias formas e cores faziam parte daquele ambiente, novo para mim.

Fui observado por todos os seres ali existentes e fui analisado minuciosamente.

Era com se eu fosse um "ser" de outro planeta que tivesse "caído" no mundo deles.

E ali passei a viver. O que os meus olhos captavam, minha mente procurava ordenar segundo métodos e hábitos humanos. Mas eu sabia que esse não era o melhor meio de desvendar o mistério da vida naquele meio elemental original.

A contemplação pareceu-me o meio mais adequado e foi assim, contemplando, que eu comecei a descobrir muitas coisas.

Descobri que os seres elementais se "alimentam" a partir da captação das energias que fluem no meio em que vivem. E que têm um ciclo de crescimento que dura mais ou menos 25 anos do plano terreno.

Como descobri isso?

Oras. Certa vez presenciei uma troca de "energias" entre dois daquele seres, e os acompanhei até a geração de um novo ser, que não era maior que uma gotícula azulada. E o vi ir crescendo. Tanto que aquilo, o crescimento daquele ser elemental, foi o que me reteve ali por tanto tempo. Eu, unicamente pela contemplação, conheci a vida no meio elemental original aquático.

Se afirmo que demoram 25 anos para atingirem a forma adulta, é porque hoje tenho meios de comparar o tempo que passei lá ou em outros lugares.

Assisti a muitos "nascimentos", que se não são iguais ao de um ser humano no plano material, no entanto seguem o mesmo princípio humano, ou quem sabe o nosso siga o deles, sei lá!

Também presenciei muitos "atos de amor" entre eles. E todos são para gerar um novo ser, ainda que vibrem muito, o que identifiquei como sensações de intenso prazer. Mas lá, os pares não são fixos e as fecundações não acontecem em todos os atos. Eles vão tentando entre si até que em dado momento ela acontece. E isso é algo visível a todos, pois na matriz geradora (mãe) um minúsculo ponto azul ou rosa se torna visível. E ele vai crescendo lentamente até alcançar o tamanho de uma gota. Aí, é expelido para o meio exterior por mecanismos biológicos próprios àqueles seres.

Se a geração é visível e simples, isso se deve ao fato de que aqueles seres são originais e pertencem a um meio energético unicamente aquático.

Isso até onde eu sei, pois é possível que outras energias, desconhecidas para mim, ali se façam presentes.

Eu vi pequenos pontos (chacras) de absorção das energias naqueles "corpos" aquosos. Vi que a multiplicação entre eles segue o mesmo princípio humano; no entanto, está mais próxima da dos seres aquáticos, pois após ser gerado e liberado pela geradora (mãe), o novo ser é lançado no meio aquático já com vida própria e independente de quaisquer cuidados maternais parecidos com o humano terreno. Mais ainda, eu afirmo:

Eu vi "recém-nascidos" já se comunicando, ainda que com limitações, com suas mães geradoras! Que coisas fascinantes eu vi!

Vi seres de não mais que um palmo de tamanho já se relacionando em atos que identifiquei como "trocas de energias sexuais".

E isso acontecia quando uma coloração rosada clara começava a ser visível nas fêmeas. Nos machos era uma coloração azul-celeste.

Tudo isso contemplei demoradamente. E tanto contemplei que identifiquei em um ato, que foi fecundo, como se processa a fecundação: eles se unem com um "chacra", tão bem que a coloração de um começa a fluir para o outro lentamente, e isso lhes proporciona prazer na troca de energias "sexuais". E chega um momento em que vibram muito, dando início ao "êxtase". Aí, suas energias fluem rapidamente de um para o outro e toda a coloração azul do macho vai se concentrando em um ponto do corpo da fêmea, enquanto o rosa dela vai envolvendo aquele "ponto" azul até encobri-lo por completo.

Pronto, está terminado o ato sexual e a fecundação foi um sucesso. Alguns meses mais tarde uma nova fêmea será dada à "água".

Mas também presenciei outro ato em que foi a coloração azul que envolveu a concentração do "ponto" rosa que se formou na fonte geradora da mãe. E um "macho" começou a ser gerado.

Foram tantas as coisas que aprendi sobre aqueles "seres" originais, que é melhor deixar o relato delas para outra oportunidade.

O fato é que permaneci tanto tempo naquele meio e aprendi tanto sobre eles, que comecei a me sentir mais um deles naquele ambiente.

Mas chegou um momento em que senti que havia esgotado o que ali deveria conhecer e aprender.

Afinal, eu já me movia tão rapidamente quanto eles, e absorvia energias daquele meio tão bem quanto eles.

Retornei à superfície. Mas não no mesmo lugar onde havia submergido naquele meio aquático. Fui sair exatamente em um bela cachoeira aqui do plano material, bem no meio humano. Se ali cheguei, foi por indicação dos meus irmãos aquáticos que dali observavam os humanos, encarnados ou em espírito.

Foi preciso que eu permanecesse naquele ponto de força de confluência de energias de dois mundos diferentes, pois meu corpo espiritual estava saturado de tal maneira com as energias puras do meio elemental que senti o contato com as energias de fora da água.

Foi ali que conheci um grupo de espíritos que prestavam missão no plano material.

Isso se deu numa tarde ensolarada, em que várias pessoas se reuniram diante da cachoeira para fazerem uma oferenda à Orixá Oxum, a Senhora das Cachoeiras.

Assisti àquele ritual com muita curiosidade, pois, de certa forma, era um sinal de que eu estava de volta aos meus semelhantes. E foi com alegria que vi surgirem muitos espíritos ligados às forças daquele ponto da Natureza. Mas, encantado mesmo, fiquei quando vi surgir das águas uma Orixá Oxum, para abençoar o ritual e a oferenda dedicados a ela.

Quanta beleza num só ser!

Eu saí da água e, fascinado, fiquei a contemplá-la sem me incomodar com os olhares dos espíritos ali presentes que, com curiosidade, dirigiram-me suas atenções. Meu corpo espiritual era humano, mas tinha muito daquele cristalino dos seres elementais aquáticos. E isso era motivo de admiração para eles.

E maior ela se tornou quando aquela encantadora Orixá se dirigiu a mim e comunicou-se do mesmo modo como se comunicavam os seres elementais. Eu respondi a todas as perguntas dela. Só não soube responder o tempo que havia passado no meio original aquático, pois havia perdido a noção de tempo.

Ela então ofereceu-me a oportunidade de ir conhecer uma morada espiritual onde residiam espíritos que atuavam no meio humano por meio de pontos de força aquáticos.

Como aceitei, imediatamente surgiram vários espíritos que me conduziram à morada mais linda que possa existir.

Essa morada está localizada num ponto de forças e fica sobre a crosta terrestre, mas na esfera espiritual. Eu a tudo contemplava encantado, admirado e curioso.

Fui conduzido até os espíritos de muita luz que dirigiam aquela morada divina, onde me apresentei como recém-chegado do reino elemental original aquático.

Um senhor, de mente e olhos penetrantes, dirigiu-se a mim:

– Irmão, é do seu gosto residir em nossa morada?

– Sim, senhor. Só não sei até quando!

– Por quê?

– Tenho tanta curiosidade em rever as coisas da Terra!

– Poderá revê-las a partir daqui, irmão.

– Poderei?

– Claro que sim. Nossos irmãos o ajudarão a rever as coisas da Terra, e do espírito também.

– Mas terá de ser devagar, pois passei muito tempo no meio aquático puro.

– Isso é visível, irmão cristalino! – falou ele sorrindo.

– Puxa, se eu ficasse mais um pouco lá, iria ficar igual a eles.

– Ia mesmo. Até seus cabelos parecem ser de água, irmão!

Eu, muito curioso, apalpei os meus cabelos e, como para mim pareciam normais, nem percebi que estava cometendo uma gafe. E os apalpei demoradamente, pois eu os tinha fartos. E continuei a senti-los normais. Quando ia dizer que para mim tudo permanecia igual, notei que, se eu agira sem outro intuito que o de me sentir, no entanto os constrangi, pois apesar de ser um espírito adulto, eu agia como uma criança tola.

E aquela foi a primeira, mas não a única, das gafes por mim cometidas enquanto vivi naquela morada. A seguinte, cometi ali mesmo, antes que aquela apresentação terminasse.

Após me dar conta de que só eu estava nu, pedi uma veste para cobrir meu corpo. E, quando surgiu uma jovem muito linda e que irradiava uma luz rosada (eu não soube o porquê senão muito tempo depois), meu íntimo vibrou. Imediatamente, tal como ocorria no meio aquático, fiquei dourado da cabeça aos pés.

Eu fiquei hipnotizado por aquela jovem de luz rosada, mas fui tirado daquele estado por uma voz que me chamava de volta à realidade.

– Irmão, desperte! Agora você está no meio espiritual humano! Irmão, irmão!

Despertei assustado e só a muito custo voltei meus olhos para aquele que me chamava.

– Está bem agora?

– Sim, senhor.

– O que aconteceu contigo quando viu nossa irmã entrar por aquela porta?

Muito constrangido pelo que havia acontecido, respondi:

– Nada... Não foi nada, senhor. Acho que estou confuso. Só isso.

– Ela o fez se recordar de alguém?

Eu voltava a ser um ser humano e menti ao dizer:

– Sim, ela me fez recordar de alguém.

– Por que você ficou assim, todo dourado?

– Tenho que responder a isso também?

– Se não quiser, não é obrigado, irmão.

– Eu não quero, senhor – murmurei, muito envergonhado.

– Está tudo bem, irmão. Nós o compreendemos!

– Não creio que me compreendam! – respondi. E dos meus olhos correram dois filetes de lágrimas. Eram lágrimas cristalinas que cintilavam sobre minhas faces douradas.

A jovem, sem desviar os olhos do meu estranho corpo, ofereceu-me uma túnica e uma calça alva, alvíssima mesmo! Eu me vesti meio desajeitado, mas rapidamente. Então me senti melhor, pois, como todo humano, eu voltava a ocultar meus sentimentos como se cometesse um pecado.

Rapidamente voltava a vibrar um sentimento negativo tipicamente humano: a vergonha.

Pedi para que me levassem de volta à cachoeira, mas o irmão superior não me deixou retornar ao reino aquático, usando palavras muito sensatas.

– Irmão cristalino, não sei a causa dessa sua súbita mudança. Mas devo lembrá-lo de que você passou muito tempo em um meio muito diferente do que nós vivemos, ao qual você pertenceu, pertence e sempre pertencerá. Você é um ser humano, irmão cristalino!

– É, eu sou mesmo. Tanto sou que, se não pude ocultar o que ocorreu comigo quando vi essa nossa irmã, no entanto oculto a causa dessa minha reação, que teria sido vista como natural no meio em que vivi até há pouco.

– Entenda que não o estamos obrigando a ficar aqui. Apenas desejamos ajudá-lo a se readaptar no seu meio, que é o humano. E, caso perceba que outras sejam nossas intenções, aí sim, retorne ao meio em que não precisava dissimular seus sentimentos.

Após essas palavras do irmão "maior", eu me acalmei e enxuguei meu rosto, todo molhado pelas lágrimas. Ele, observando-me melhor, olhou para a moça que trouxera as roupas para mim e ordenou-lhe:

– Irmã Maria, conduza nosso irmão cristalino até uma das nossas residências e o acomode, sim?

– Sim, senhor, irmão superior – respondeu ela, fazendo menção de sair, e ficou me aguardando para conduzir-me até onde eu iria morar.

Acompanhei-a e pouco depois chegamos a uma linda praça, toda cercada por lindas residências. No meio da florida praça havia uma verdadeira cascata cristalina. As águas caíam como se fossem um véu. A ela me dirigi e a contemplei por algum tempo. Quando me decidi, virei para a irmã que me acompanhava e perguntei:

– Irmã, incomodarei se tiver que me esperar aqui enquanto retorno até o meio em que vivi?

– Não me incomodarei, irmão. Mas por que irá retornar até lá só por um instante?

– Lá me ajudarão a me descarregar dessa energia de cor dourada. Será por pouco tempo, está bem?

– Se nos revelar o que a ativou em você, poderemos ajudá-lo a descarregá-la. Em caso contrário, toda vez que ela for novamente ativada, para lá terá de retornar. Logo, a lógica me diz que, ou encontra aqui o meio de eliminá-la ou ela irá incomodá-lo por muito tempo, impedindo-o de viver em paz.

– Eu sei que você está certa. Mas não me permitirei mais essas reações tão naturais, e no entanto tão constrangedoras, num meio que abomina as reações naturais e prefere as racionais.

– Nem todos somos assim, irmão.

– Mas a maioria é. Então o modo de ser, de agir e de pensar da maioria prevalece e se impõe sobre a minoria. E eu sou parte da minoria, irmã!

– Antes, não gostaria de conhecer sua residência?

– Logo estarei de volta.

– Talvez resolva se demorar por lá e aí ficarei aflita porque não saberei como localizá-lo.

– Bem... Eu... Está bem. Vou livrá-la de sua incumbência antes de retornar aonde irmãs amadas poderão me ajudar.

– Irmãs? Você disse irmãs, irmão cristalino?

– Sim, eu disse "irmãs amadas".

– Como são elas?
– Você nunca viu um ser elemental?
– Não. Eu, só há pouco vim para esta morada. Como elas são? – perguntou ela, curiosa, puxando-me pelo braço rumo à residência, que muito me agradou, pois era toda recoberta por ramagens floridas. Eu a acompanhava e ia dizendo:
– São lindas, muito lindas. Acho que são tão lindas quanto você. Até na cor têm algo em comum.
– Na cor?
– Sim. Quando elas estão sobrecarregadas de energias que identifiquei como geradoras de vida, adquirem essa cor rosada. E quando todo o corpo delas fica assim, estão prontas para trocar energias com os meus amados irmãos aquáticos. E logo estão gerando uma nova vida original.
– Que interessante! Conte-me como elas são – incentivou-me.
Eu, após pensar um pouco, disse:
– Acho que não devo, irmã Maria.
– Por que não?
– Não sei, mas acho que não devo. São coisas naturais naquele meio, mas não neste.
– Esqueça-se da maioria e sinta-se junto com a menor das minorias, que é composta só de nós dois. Eu saberei ouvi-lo, entendê-lo e compreendê-lo, certo?
– Não sei por que, mas você sabe como me convencer a atendê-la!
– Talvez seja esta minha cor rosada.
– É, acho que ela tem algo a ver, sim.
– Você gostou da sua nova morada? – e ela desviou minha atenção em outra direção.
– É encantadora. Nunca vi uma morada tão linda como esta.
– Venha, vou lhe mostrar toda a residência. Depois me falará sobre o reino em que viveu, e sobre nossos amados irmãos e irmãs que lá vivem, certo?
– Está certo.
Eu fui conduzido aos vários aposentos que formavam aquela residência. Havia uma sala de leitura, outra de reuniões e mais outra de visitantes. Também havia uma que possuía vários frascos cheios de líquidos de várias cores. Ela me explicou que neles havia néctares feitos de essências de frutas, e que eu poderia bebê-los, caso sentisse vontade ou se viesse a me sentir debilitado energeticamente. Como recusei, ela me conduziu a um aposento e disse que era para alojar quem eu quisesse ou que viesse me visitar. E no outro extremo havia um que ela disse ser o meu. Esse seria de meu uso exclusivo para repousar caso viesse a esgotar-me energeticamente em alguma de minhas visitas ao plano material.

– Isso sempre acontece ao visitarem o plano material? – quis saber.

– Não. Mas os irmãos socorristas e auxiliadores às vezes sofrem fortes desgastes energéticos e precisam se recuperar. Então se recolhem e repousam até estarem em condições de retornarem ao plano material.

– Cama! – exclamei. – Há quanto tempo não vejo uma!

– São muito agradáveis, irmão cristalino!

– Parece que sim. Posso sentar-me nela?

– Claro, é toda sua!

– Cama! Há quanto tempo não me deito em uma cama!

Eu a apalpei e me sentei na sua beira, sentindo o quanto era confortável. Ela irradiava um frescor agradável.

– Por que não se deita nela para senti-la melhor? Só assim sentirá como ela é reparadora de energias.

– É muito gostosa mesmo. Acho que vou deitar-me.

Após me deitar e ajeitar minha cabeça no travesseiro, fechei os olhos, pois Maria não desviava os seus dos meus. Mas pior do que os olhos dela foi aquela sua mão macia que começou a acariciar minha cabeça e rosto. A cor dourada se acentuou ainda mais e novamente correram lágrimas dos meus olhos. Então ela quis saber a razão de minhas lágrimas.

– Você não entenderia.

– Não entenderei se você não me revelar, irmão amado. Mas eu gostaria muito de ajudá-lo!

Então senti pingos caírem sobre meu rosto. Abri os olhos e vi que ela chorava em silêncio.

– Por que chora, irmã amada?

– Sinto-me triste pois você não confia em mim o bastante para revelar o que tanto o incomoda.

– Eu não devo incomodá-la com meus sentimentos de desejo.

– Se fui eu quem os despertou, acredita que uma das tuas irmãs elementais poderá ajudá-lo?

– Não, elas não poderão. E por isso me sinto tão confuso! Meu Pai, o que fazer? – clamei com tristeza. – Agora não tenho ninguém para ajudar-me!

– Mas tem a mim, Maria, irmão amado! Eu posso ajudá-lo e nada me daria maior prazer do que vê-lo feliz. Eu sou humana, irmão cristalino! E, ser "humano" significa compreendermos nossos semelhantes a partir do que acontece no íntimo deles, não?

– É, acho que é verdade. Mas sinto-me tão estranho nesse meio que é o meu!

– Nós dois sabemos a razão disso, não?

– Estas vestes, elas me incomodam tanto!

– Por que não as tira? Agora está no seu aposento íntimo, onde ninguém mais entrará. E caso você deseje ficar a sós, eu o deixarei.

– Eu não quero ficar a sós. Eu preciso de alguém que me compreenda. Só preciso disso nesse momento.

– Está com vergonha de ficar nu diante de mim?

– Estou.

– Por quê, irmão querido?

– Essa energia dourada.

– O que tem ela de mais se o torna tão lindo e atraente?

– Elas foram geradas a partir de um sentimento de desejo vibrado por mim ao vê-la.

– Eu despertei esse sentimento em você?

– Sim.

– Saiba que o mesmo aconteceu comigo, irmão cristalino. Você não me viu lá na cachoeira, mas eu o vi. E não foi só uma vez.

– Verdade?

– Claro. Lembra de como você se deitava bem debaixo da queda das águas?

– Então você já havia me visto antes?

– Sim. E me encantei com sua naturalidade.

– Por que não se mostrou a mim?

– Eu tive vergonha.

– Por quê?

– É um espírito muito especial. Logo, eu não tinha o direito de incomodá-lo com meus sentimentos, pois eu desejava tocá-lo, acariciá-lo e por que não dizer, senti-lo intimamente!

– Verdade?

– Ainda tem dúvidas sobre minha sinceridade, irmão cristalino?

– Não. Não tenho.

– Então por que não tira essas vestes que o incomodam, enquanto eu tiro essa que agora também me incomoda muito, pois prefiro sentir seu corpo, tão agradável, bem junto do meu?

O fato é que nós tiramos nossas vestes e nos tocamos, nos acariciamos e por que não dizer, sentimo-nos muito intimamente. Não tenho palavras para descrever o que senti ou sentimos. Mas que foi o mais puro êxtase, isso foi!

Quando o vivenciávamos, todo o meu dourado e todo o rosa de Maria fluíram tão naturalmente que houve uma torrente energética se misturando em nós e à nossa volta. E durou tanto tempo esse êxtase que perdemos a noção de tempo.

Quando ele cessou, ainda nos mantivemos abraçados. E quando mencionei que estava com sono, ela me pediu:

– Então terá de se acomodar junto a mim, pois também sinto vontade de dormir o mais delicioso dos sonos de minha vida.

– Ótimo! Ambos dormiremos aqui e quem acordar primeiro vigiará o sono do outro.

– Assim será, meu amor!

– Sou seu amor?

– É claro que é.

– Então também é meu amor, Maria!

Ela não conseguiu dizer uma palavra sequer, pois irrompeu em lágrimas. Eu a abracei e também solucei. E assim, felizes, mas soluçando, acabamos dormindo.

Acordamos mais ou menos ao mesmo tempo e após palavras de gratidão pelo bem mútuo que havíamos nos proporcionando, mais uma vez eu fiquei dourado. Quanto a Maria, estava mais rosada que antes. E cada vez que nos amávamos, mais intensamente aquela luz rosa era irradiada por ela.

Eu a amava. Como eu a amava!

Jamais voltei a amar outra como a amei. Maria foi um ponto de referência para mim no amor do homem pela mulher. A muitas outras eu viria a amar depois dela, mas a nenhuma amaria tanto quanto a amara.

Mas o fato é que quando saímos daquela residência e passeamos pela praça, olhei para as águas da linda cascata com outros olhos. Eu agora só via mais uma manifestação do poder de Deus em suas criações. E estávamos passeando quando o irmão superior surgiu à nossa frente, todo sorridente, feliz, saudou:

– Que lindo casal vocês dois formam, irmãos!

Eu abaixei os olhos, mas Maria abraçou-o feliz e exclamou:

– Papai, não imagina o quanto estou feliz! Encontrei o amor mais puro que possa existir!

– Sua alegria é minha alegria, filha amada. Eu espero que também seja a do nosso irmão cristalino.

– O senhor é o pai de Maria, irmão superior?

– Eu sou, irmão cristalino.

– Bem... Eu... Desculpe-me, mas foi por causa dela que fiquei daquele jeito.

– Eu o compreendo, irmão. Já não está dourado, certo?

– É verdade. Maria me compreendeu.

– É sim. Mas acho que a compreensão é mútua, pois ela está muito mais rosada agora.

– Bem, ainda não me acostumei à cor irradiada por ela e às vezes confundo o que, nela, é sua cor original com um sentimento das minhas irmãs elementais. Mas logo superarei isso, creia-me.

– Eu creio, irmão cristalino. E tanto creio que vou confiar-lhe um trabalho muito especial.

– Do que se trata, irmão superior?

– Você se lembra da Orixá Oxum, nossa mãe geradora e gênio da Natureza, que manifesta-se no ponto de força das cachoeiras?

– Nunca me esquecerei dela, senhor.

– Pois é isso. Ela me incumbiu de comunicar-lhe que deve fazer um relato o menos emocional e o mais científico possível sobre tudo o que viu, vivenciou e aprendeu durante sua estada no reino elemental original aquático, pois o que irá relatar é original e nos servirá como fonte de estudo das origens dos seres.

– Puxa!

– Eu confio que quando você terminar o seu relato, teremos um precioso instrumento de conhecimento do meio elemental aquático.

– Procurarei ser o mais científico possível. Mas sou muito emocional, sabe.

– Talvez Maria possa ajudá-lo, já que você esteve afastado por muito tempo do meio humano.

– Assim será mais fácil. Só não sei se devo fazer tal relato, irmão superior.

– Nada em nossa vida acontece ao acaso. E, se Deus o enviou àquele meio, é porque Ele sabia que mais adiante você iria retornar ao nosso meio com um conhecimento único que irá nos auxiliar em nossos estudos sobre os seres elementais aquáticos.

– Se é assim, então serei o mais científico que me for possível, está bem?

– Está ótimo, irmão cristalino! Agora quero convidá-los a irem até o salão de música, pois hoje terão o prazer de ouvir nossos irmãos que são verdadeiros gênios dos sons harmônicos.

– Música? O senhor está dizendo que iremos ouvir música?

– Isso mesmo, irmão cristalino.

– Há quanto tempo não ouço uma música!

– Então vamos! Dentro de pouco tempo a orquestra iniciará sua apresentação!

– Por que não volitamos, papai? – perguntou Maria.

– Você sabe que em nossa morada eu não aprovo a volitação. E além do mais, de qualquer jeito eles só darão início ao festival quando eu chegar. Só não pretendo incomodá-los com meu atraso.

Bem, o fato é que logo adentrávamos um anfiteatro semelhante aos usados pelos gregos para suas apresentações teatrais. Mas em vez de arquibancadas, havia confortáveis cadeiras. E com exceção das três que ocupáramos, todas as outras já estavam ocupadas por irmãos e por irmãs residentes naquela linda morada espiritual.

Assim que o irmão maior se assentou, alguém que identifiquei como um maestro tomou a palavra e anunciou para a atenta assistência:

– Amados irmãos e irmãs em Deus, estamos reunidos para que, por meio da harmonia dos sons, possamos executar para vossos atentos ouvidos as expressões dos sentimentos dos nossos irmãos que apreciam a música como meio de manifestá-los. Hoje ouvirão sinfonias que realçam através dos sons os sentimentos de amor, de fé, de fraternidade, de humildade, e muitos outros sentimentos, comuns a todos os seres humanos! Esperamos que apreciem o que temos a oferecer-lhes, pois é a expressão do nosso amor à vida, ao nosso Criador e aos nossos semelhantes. Obrigado!

Uma salva de palmas saudou a abertura do concerto que logo teve início.

Mal começaram os primeiros acordes harmônicos para que eu exclamasse, em mais uma das gafes cometidas por mim naquela morada:

– Puxa, como essa música fala bem do amor! Acho que quem a compôs ama muito a alguém!

– O que está dizendo, querido? – perguntou Maria, em voz baixa.

– É! Eu estou ouvindo o autor ou melhor, a autora dessa música dizer que jamais amou alguém tanto quanto ama o seu amado... Senhor! Ela fala do seu amor a Deus! Que lindo!

O irmão maior, vendo como eu havia me alterado me chamou mais uma vez à razão ao dizer-me:

– Irmão cristalino, por favor mantenha-se em silêncio. Sua voz interfere na música!

– Desculpe-me, senhor! – murmurei envergonhado. Eu me calei e fechei os olhos. Mas continuei a ouvir o que aquela linda música dizia. Era uma oração irradiada por sons melódicos.

– Por que fechou os olhos, querido?

– Estou ouvindo a oração de nossa irmã Marília. Como é lindo o amor que ela sente por nosso Pai Maior!

– Você ouve o que ela está dizendo pela música?

– Sim. Eu ouço tudo o que ela diz.

– Tem que me ensinar como conseguir isso, amor.

– O som é o verbo, não?

– Sim.

– E o verbo é a manifestação do sentimento gerador que ocupa todos os espaços, certo?

– Sim – assentiu Maria.

– Pois é isso! O sentimento de amor que nossa irmã Marília vibra por Deus, e que ela manifesta por meio do som, ocupa o espaço e eu o ouço, pois o som é uma das manifestações do Verbo Criador que ocupa todos os espaços. Se Ele ocupa uns com as cores, outros ele ocupa com as formas. Mas a todos Ele ocupa com os sons, pois é por meio do som que o Verbo Criador se comunica conosco e nos conduz para onde Ele acha que devemos ser conduzidos. E, como a irmã Marília está expressando seu amor a Deus com sons harmônicos e melódicos, o Criador capta-os e absorve esse sentimento dela como uma manifestação Sua por meio dos sentimentos dela, e que emociona a quem tem ouvidos para ouvi-la manifestar a qualidade primeira dos seres humanos, que é o amor! Eu não a conheço, mas sinto que a amo!

Bem, o fato é que a música havia terminado, e eu estava a falar como um tagarela sem travas na língua, e num local onde os espíritos costumavam se falar por comunicação mental.

Não é preciso dizer que todos os olhos da assistência e da orquestra e coro estavam voltados para mim. Mas disso só me dei conta quando uma linda e iluminada irmã veio até a minha frente e falou-me:

– Também o amo, irmão! Sou grata ao nosso Criador por merecer o seu amor.

– Irmã Marília, que prazer em conhecê-la pessoalmente! Sua oração é tão linda, mas tão linda, que encantou o nosso Senhor.

– Como sabe disso, irmão?

– Ora, Ele absorveu sua oração e agora ela é irradiada pelo seu Verbo, que a faz ecoar por todo o Universo como um meio de manifestação do amor. Sua oração, de agora em diante, será ouvida por todos aqueles que tiverem ouvidos para ouvi-la. Eu ainda a ouço, e foi por isso que não havia notado que a orquestra tinha parado.

– Tem certeza disso, irmão?

– Claro, irmã Marília! O Verbo apreciou a sua oração porque ela é muito elevada e ecoará positivamente em todos aqueles que apreciam ouvir a "voz do Verbo" por meio dos sons harmônicos e melódicos.

Irmã Marília emocionou-se muito com o que eu acabara de dizer-lhe, e seus olhos derramaram muitas lágrimas. E nesse momento me dei conta de que havia cometido mais uma gafe. Fiquei tão envergonhado que me levantei rapidamente e me retirei do anfiteatro. E já ia retornar para a minha nova residência quando à minha frente surgiu o irmão superior e bloqueou meus passos, dizendo-me:

– Espere, não se vá, irmão cristalino!

– Eu, mais uma vez cometi uma gafe, irmão superior! Não sirvo para estar em público!

– Nós não pensamos assim. Você possui faculdades que desconhecemos. Mas tenho certeza de que tudo o que disse há pouco é a mais pura das verdades.

— Mas eu interrompi a apresentação com minhas observações. Eu não sei quando me calar, irmão superior!

— Não se trata disso, meu filho! Você apenas se expressou por meio do som o que captou!

— É. Mas agora a apresentação parou. E tudo por culpa minha.

— Não é pelo que imagina que eles silenciaram.

— Não?

— Claro que não! Apenas aguardam o seu retorno para reiniciarem o concerto.

— Verdade?

— Eu não tenho o hábito de mentir, irmão cristalino!

— Desculpe-me. Acho que sou o maior tolo que pode existir.

— Não se julgue tão severamente, pois até eu fiquei curioso com o que disse sobre a música de nossa irmã Marília. Ninguém além do maestro sabia que ela havia composto aquela música.

— Por que só ele sabia que a música, ou melhor, a oração havia sido composta por ela?

— Nós temos nossas razões, irmão cristalino.

— Quais são elas, irmão superior?

— Preferimos valorizar a obra em vez do obreiro.

— Compreendo. Mas eu perturbei tudo, não?

— Não foi o que nós achamos. Voltemos, que eles nos aguardam.

— Sim, senhor. Mas estou muito envergonhado, sabe.

— Um dia desses descobrirá que suas tão naturais manifestações são o seu bem maior, pois o impedem de dissimular seus mais puros sentimentos. Então, nesse dia se sentirá tão bem consigo mesmo, que mil vezes agradecerá a Deus por ser assim.

— Será?

— Tenho certeza disso. Vamos?

— Vá o senhor na frente. Logo o alcançarei.

— Nada disso. Ou volta comigo e ao meu lado, ou não retornarei à audição porque ao meu lado não estará um ser que compreenda a voz do Verbo, e que certamente foi o Verbo que o enviou a mim.

— Eu não sou enviado de ninguém, e nem tenho essa pretensão, irmão superior.

— Eu sei que não tem essa pretensão. Mas como não o vejo senão como alguém muito especial, prefiro tê-lo ao meu lado ou próximo de mim pelo maior tempo que for possível ou permitido, certo?

— O senhor é um sábio muito elevado. Logo, não serei eu quem irá ensinar-lhe alguma coisa.

— Tem certeza disso? O que me diz dos sons?

— Bem... Eu... Aprendi com nossos irmãos elementais.
— Disso falaremos em outro momento, pois agora a música deseja falar. Retornemos e a ouçamos!
— Se está bem para o senhor, então está tudo bem. Só espero que o senhor me compreenda.
— Eu o compreendo, irmão cristalino. Não foi por acaso que o denominei com esse nome.

Retornei com o irmão superior e me mantive em silêncio enquanto durou a audição. Mas assim que ela terminou, fui convidado pelo maestro a subir no palco e a comentar as músicas ali executadas. O irmão maior me apresentou como o mais novo residente daquela morada espiritual e recém-chegado do reino original elemental aquático, e que para ali fora encaminhado pela Orixá Oxum, mãe geradora e sustentadora daquela morada espiritual, que Ela doara aos que a amam e a têm como uma das manifestações do Criador por meio da natureza.

Eu fiz uso da palavra apenas para dizer:
— Amados irmãos, hoje recebi uma grande lição. Aprendi que a obra é mais importante do que o obreiro. Só que, como eu ignorava isso, não me dei conta de que os incomodava com minhas palavras e citei a irmã Marília. Perdoem-me, por favor!
— Irmão, não é isso o que gostaríamos de ouvir. Falemos um pouco dos sons harmônicos e melódicos e como você consegue traduzi-los para a linguagem sonora humana!
— Posso deixar isso para outra oportunidade, irmão maestro?
— Por que não agora, irmão cristalino?
— Bem... Eu ainda estou envergonhado pela gafe que cometi. Talvez um outro dia, está bem?
— Está bem. Mas fica a nos dever uma palestra sobre tão precioso assunto, certo?
— Sim, senhor.
— Nós aguardaremos ansiosos por essa oportunidade, irmão cristalino!
— Por quê?
— Ora, nós somos amantes da manifestação dos sentimentos por meio dos sons harmônicos e melódicos!
— É. Parece uma boa razão.
— Ótimo. Quando vencer sua timidez, iremos nos reunir para ouvi-lo.

Saímos do anfiteatro e fomos à residência do irmão superior. Ele nos serviu um cálice de néctar antes de perguntar-me:
— Por que você não falou sobre o que nossos irmãos queriam ouvir?
— Achei dispensável, pois sobre isso farei um relato muito mais completo quando descrever o que vi e aprendi no meio elemental aquático.

– Compreendi. Mas quando pretende iniciá-lo?

– Assim que Maria quiser anotar tudo o que tenho a revelar.

– Eu não só estou pronta, como também estou muito ansiosa! – exclamou Maria.

– Então vamos dar início agora mesmo, filha! – falou, todo feliz, o irmão superior.

Dirigimo-nos a um lugar diferente, pois possuía aparelhos desconhecidos para mim. Em um deles fui acomodado, e colocaram na minha cabeça algo parecido com um capacete cheio de sensores. Aí me ordenaram:

– Comece a rememorar tudo sobre o meio elemental aquático, irmão cristalino!

– Desde o momento em que entrei naquele riacho que era só uma abertura para ele?

– Isso mesmo!

– Para mim está bom, irmãos.

Bem, o fato é que assim que dei início à rememoração, e me vi entrando naquele riacho, minha mente foi possuída por uma força tão poderosa que perdi o domínio sobre minha consciência, raciocínio ou memória. Tudo se processou em tão pouco tempo que me senti "roubado" de coisas muito íntimas e muito preciosas para mim. E se todo aquele processo durou mais do que trinta segundos, eu duvido.

Então, vi um daqueles irmãos retirar de um encaixe daquele aparelho um pequeno cristal que exibiu para todos e falou:

– Pronto, irmãos! Agora é só colocá-lo no processador e aguardar o resultado.

Ele colocou o cristal em outro aparelho e logo tinha tudo processado na forma de um relato descrito em um livro. Eu vi vários exemplares sendo apanhados por eles, e um parou nas minhas mãos. Eu o folheei e vi que, se era extremamente técnico e minucioso, pois trazia até imagens, no entanto era impessoal, pois lhe faltava a visão humana que eu tinha sobre nossos irmãos elementais.

Faltava àquele relato aquilo que distingue um diário de um manual técnico. O relato era "frio".

Então entrei numa depressão tão grande que me senti aniquilado. Haviam traído minha confiança e se aproveitado de minha naturalidade e ingenuidade.

Fiquei agoniado. Apanhei aquele pequeno cristal e saí daquele lugar onde eu havia sido espoliado do meu maior valor moral, que é meu humanismo.

Célere, dirigi-me à praça onde havia aquela cascata já citada há pouco. E já ia mergulhar nela quando Maria segurou-me e pediu:

– Querido, acalme-se, por favor!
– Vocês me traíram, Maria.
– Logo essa sensação de vazio passará, amado irmão.
– Amado irmão coisa nenhuma! Ao inferno com esse modo de falar que só serve para dissimular o que lateja no íntimo de cada um.
– Não é nada do que está imaginando, querido irmão!
– Se eu soubesse que era para ser roubado tão vilmente, nunca teria vindo aqui. Ao inferno eu e minha natural confiança nos meus semelhantes!

Com um safanão me soltei das mãos dela e mergulhei nas águas da cascata.

Como eu sabia como passar de um meio aquático para outro num piscar de olhos, pois isso eu havia aprendido, não demorou mais do que uns segundos para eu me isolar completamente de toda a humanidade. Onde eu estava, espírito humano algum conseguiria me localizar.

Eu estava em um local onde a mente humana mais apurada nunca poderia penetrar. E ali destruí o pequeno cristal reduzindo-o a moléculas cristalinas espalhadas numa forte corrente aquática original. Nada conseguiria reuni-las novamente. E ali fiquei tanto tempo que mais uma vez perdia a noção de tempo, só me animando a dali sair quando achei que ninguém mais ainda estivesse à minha procura.

Eu havia me livrado das minhas vestes ao mergulhar na cascata. Logo, eu não iria ser identificado por ninguém por um descuido meu. Pela água fui fluindo a uma velocidade vertiginosa até encontrar uma saída para o meio material, totalmente isolada.

Já no meio material humano, comecei a absorver energias densas em abundância. E tanto as absorvi que me senti pesado, muito pesado!

Caminhei sobre o solo terreno por muitos dias e muitas noites sem me preocupar com nada. Apenas sentia um vazio. E aquela agonia a incomodar-me o tempo todo.

Tentei captar energias, mas o resultado foi negativo, pois eu havia absorvido muito rapidamente as energias do meio material humano. E muito tempo haveria de passar antes que todos os meus chacras se desbloqueassem.

Vaguei por grandes extensões de terra antes de encontrar um espírito, pois, quanto a pessoas, foram muitas as que vi enquanto vagava. Ao ver-me, ele me saudou:

– Olá, irmão!
– Irmão? Que irmão? – respondi, meio alheio a tudo.
– Vejo que você está deslocado. O que aconteceu com você?
– Nada. Sou como sou e não importa a ninguém como sou.

— Tem uma mente arguta, mas desconfia de todos, certo?
— Isso mesmo. Não confio em nenhum ser humano!
— O que faz por aqui?
— É proibido estar aqui?
— Não, não é. Apenas tento iniciar um diálogo fraterno contigo.
— Claro, para depois me espoliar do que ainda restou ou resta de mim, certo?
— Eu não preciso de nada de você e não tenho necessidade de tirar algo de alguém pois de tudo o que preciso, meu Criador me provêm.
— Também penso assim, e dos outros nada preciso ou desejo.
— Então estamos empatados, companheiro!
— Companheiro? Gosto disso!
— Ser chamado de irmão não o agrada?
— Nem um pouco!
— Alguém que tinha na conta de irmão o traiu?
— Não só me traiu como me roubou. E não foi um só, companheiro. Foram vários!
— Havia mulher no meio?
— É. Havia sim.
— Foi o que imaginei.
— Também foi traído por uma?
— Mais ou menos.
— Isso não é resposta.
— Bom, acho que não a agradei como amante e fui trocado por outro. Mas para mim está tudo bem, pois continuo a viver sem ela.
— Eu também, ainda que não os perdoe por terem me roubado tão descaradamente.
— Bens se ganham, bens se perdem, mas um bem nunca será tirado de nós!
— Que bem é esse?
— A vida, o maior dos nossos bens. Esse, Deus nos deu e só a Ele pertence.
— É, tem razão. Minha vida sempre será minha e de ninguém mais.
— Já que não tem destino, que tal me acompanhar até um local onde dedico parte do meu tempo?
— Do que se trata, companheiro?
— De um grupo de socorro espiritual. Lá, participo de um grupo de trabalho que considero muito importante, pois tenho visto coisas maravilhosas.
— Tudo bem, pois nada mais tenho a perder!
— Então tudo tem a ganhar de agora em diante, certo?

– Isso mesmo, companheiro.
– Como se chama?
– Zé. Está bom?
– Claro que sim. Zé é um nome igual a tantos outros!
– É sim. Assim como eu sou igual a tantos outros Zés que vagam por esse mundo, pois não entendem por que são e sempre serão somente uns Zé-ninguéns.
– Eu me chamo José, companheiro!
– Desculpe-me, amigo. Não quis ofendê-lo, pois o Zé-Ninguém por aqui sou eu.
– Só você se considera um Zé-Ninguém, pois eu me considero um ser humano.
– Tudo bem. Se continuarmos assim não chegaremos a lugar algum, certo? Logo, você é José e eu continuo a ser o Zé que nunca deixarei de ser.
– Ótimo! Já que decidimos como as coisas devem ser, vamos?
– Você é o guia, companheiro!

Bem, o fato é que aquele espírito chamado José era realmente um guia espiritual. E disso tomei conhecimento ao adentrar um centro onde centenas de outros espíritos estavam reunidos.

Mas antes de contar minha história, vou abrir um parêntese para relatar o que aconteceu após minha fuga através da cascata rumo ao reino aquático.

"O irmão superior foi avisado do que havia acontecido e tentou me localizar. Após esgotar todos os seus meios, cessou a busca e consolou Maria, que estava aflita.

Mas, ao ver que ela estava inconsolável, levou-a até um local onde a Orixá Oxum se manifestava. Esta, os esclareceu sobre a minha necessidade de me readaptar ao meio humano antes de ser útil pelos conhecimentos adquiridos. Também os tranquilizou, pois lhes disse que sabia onde eu estava, e que me redirecionaria novamente com o auxílio de outros servos dela que atuavam em outras esferas espirituais.

Quanto a Maria, ela disse:
– Filha minha, você há muito tempo vivenciou uma ação negativa que a influenciou muito e a impediu de evoluir rapidamente, ainda que imensos sejam seus créditos perante a Lei. Eu enviei até você aquele meu servo para que ele a ajudasse a superar o trauma que bloqueava sua ascensão a planos mais elevados. Agora você está apta a alcançar um grau superior, pois já não teme os espíritos de sexo oposto ao seu.
– Mas eu o amo tanto, minha mãe!
– Eu sei disso. Assim como sei que quem ama um semelhante com tanta intensidade irá amar a muitos intensamente.

– Espero que assim seja, mãe amada.
– Assim será, filha amada."

Aqui fecho o parêntese, pois logo eu era só mais uma das muitas lembranças daqueles espíritos de muita elevação, que tinham como filosofia de vida que a obra é mais importante que o obreiro.

Quanto a mim, jamais acreditei nisso, pois, se assim fosse, o ser humano prescindiria de Deus em sua vida, pois seria mais importante que seu Criador.

Para mim, a obra é e sempre será apenas uma criação do obreiro e um meio dele manifestar seu princípio criador. E, se a obra esgota-se em si mesma, o criador é inesgotável, pois nunca deixará de criar novas obras. Logo, sempre será maior do que suas obras!

Mas, voltando ao lugar onde eu me encontrava naquele momento, logo recebi uma vestimenta adequada à minha função, e que um sujeito mal-encarado me confiou:

– Companheiro, você irá vigiar os trabalhos, pois sempre surge algum zombeteiro tentando perturbá-los. Use esse laço ou esse chicote caso ache necessário, certo?

– Tudo bem, companheiro. Eu sinto vontade de chicotear uns canalhas e nada melhor que poder fazê-lo sob o amparo da Lei!

– Não tenha piedade quando tiver que agir, pois será você ou seu adversário, certo?

– Não ganho uma espada?

– Só quando eu confiar totalmente em você, companheiro. Por enquanto você não passa de um Zé-Ninguém, ainda que tenha sido um dos chefes que o tenha confiado a mim. E não vá perder essa capa nem o laço e o chicote, certo?

– Por que não me fornecem uma calça também?

– Tem vergonha de ostentar sua nudez?

– Não. Mas me sentiria melhor, pois quase todos usam vestes, oras!

– Entenda isso como um bem para você, companheiro.

– Que bem pode haver em andar com o sexo à mostra?

– Bom, as carentes que houver por aí vão ficar caídas por você porque, ao meu ver, é um felizardo nesse sentido... He, he, he...

– É mesmo, é? – perguntei, irônico.

– Claro! Como pensa que me sinto por ser deficiente nesse sentido?

– Qual a sua deficiência, companheiro?

– Para que saber, se não poderá me ajudar?

– Tem certeza de que não posso?

– Você pode?

– Ainda não sei qual é a sua deficiência!

– Quando eu confiar cem por cento em você talvez eu lhe revele qual é, certo?
– Tudo bem. Mas não podia me adiantar um crédito e fornecer-me uma espada?
– Por quê?
– Oras, não está vendo que os guardas que as usam estão acompanhados de belas "moças"?
– Então é por isso, é?
– Bem... Isso parece ajudar a conquistá-las, certo?
– Vou dar-lhe esse crédito, mas, um dia irá retribuir-me esse favor, certo?
– É dando que se recebe, companheiro! Ou não é isso que diz um dos "mandamentos" da doutrina?
– Rá, rá, rá! – gargalhamos ao mesmo tempo. Ele volitou e num piscar de olhos retornou com uma longa e larga espada, em tudo parecida com as dos templários medievais.
– Onde a conseguiu, companheiro?
– Alguém a esqueceu por aí e alguém a recolheu e me presenteou com ela. Agora é sua, companheiro!
– Uma espada desse calibre merece uma retribuição à altura, certo?
– Não tão longa quanto ela, certo?
– Claro, aí seria inútil, pois não encontraria uma bainha ideal para recebê-la, certo?
– Isso mesmo, irmão! – exclamou ele sorrindo.
– Sem essa de irmão, companheiro!
– Tem algo contra?
– Tenho tudo. E companheiro é o máximo que me permito ou permito aos outros.
– Gosto de sua franqueza! Não é pedante e nem um falso humilde. Só espero que seja um companheiro, pelo menos leal!
– Não suporto traidores ou traições, se é a isso que se refere.
– É isso mesmo.
– Pode confiar, companheiro. Você confiou em mim e tem a minha lealdade dentro dos limites da lei.
– E fora deles?
– Fora deles é cada um por si e ninguém por todos.
– Também penso e atuo assim.
– Eu já imaginava. Você, apesar de não parecer, tem um caráter positivo. E eu gosto de você!
– Daqui a pouco irá dizer que me ama, companheiro Zé-Ninguém!
– Nem morto! Prefiro me aproximar daquela "tentação" que vi na entrada e dizer que quero amá-la, muito!

– Rá, rá, rá, rá! – gargalhamos. Mas fomos interrompidos pela chegada do guia José, que me falou de chofre:

– Imaginei-o um pouco mais elevado, Zé.

– Revelar-se como realmente se é já é uma elevação, companheiro José. Falta de elevação é saber dissimular e nunca se revelar como realmente se é.

Com essas palavras eu o calei, pois ele não havia se revelado a mim, e dissimulara muito bem sua condição de um dos guias principais daquele centro. E muito tempo se passou antes de ele voltar a conversar comigo.

Mas o fato é que pendurei aquela larga espada na cintura e com ela me cobri parcialmente, deixando-me um pouco mais à vontade, pois o laço enrolado e pendurado no cabo dela fazia as vezes de uma tanga.

Recolhi-me às minhas funções de guarda do exterior daquela casa de socorro espiritual e não tive muito o que fazer, pois as coisas por ali eram bem calmas.

Só de vez em quando surgiam alguns espíritos cabeças-duras, que à primeira chicotada desapareciam e não voltavam mais a nos incomodar.

Quanto ao meu chefe imediato, pouco o via por ali.

Quanto às "moças" que ali trabalhavam, já havia anotado bem uma dúzia delas que me agradavam. Mas não me aproximei de nenhuma, pois eu ainda sofria tanto com a traição como com a ausência de Maria.

Ainda que fizesse de tudo para não me lembrar, ela me vinha à mente. E isso eu identificava como sendo ela a se lembrar de mim. E então pensava: "A traidora paga o preço da traição!", mas a verdade é que eu a amava e não conseguia odiá-la.

O fato é que certa noite o meu chefe me "convidou" a acompanhá-lo num trabalho no exterior. Muitos dos seus auxiliares o acompanhavam.

O tal trabalho não era tão simples quanto eu imaginava, pois eles, os Mentores do centro, haviam ordenado que certo trabalho de magia negra fosse anulado.

A coisa ficou feia quando fomos cercados por uma legião trevosa. Meu chefe já ia partir para a luta armada com aquela legião sombria quando eu e minha língua comprida interviemos no sentido de pacificar os ânimos. Dirigindo-me ao chefe adversário, exclamei:

– Companheiro, será que precisamos disso por causa de alguma estupidez humana?

Eu disse isso e sustentei o olhar fulminante dele, que algum tempo depois me perguntou:

– Não precisamos do quê, companheiro?

– Oras, digladiarmo-nos por algo ou por alguém que sequer conhecemos!

– Está com medo de ser reduzido a um mísero ovoide, companheiro?
– Medo? Não é nada disso, companheiro. Apenas se trata de uma alternativa à de eu ter que desembainhar minha espada e separar sua cabeça disso que chama de corpo. Sim, pois desde que chegamos não consigo desviar meus olhos do seu pescoço que, para minha espada, significa alimento energético. Mas eu não quero fazer tal coisa, ainda que ela esteja clamando por energias humanoides!
– Esqueceu-se de que não estou sozinho?
– Não. Claro que não! Mas minha espada escolheu você, e se não chegarmos a um acordo, serei forçado a me lançar na sua direção. E eu não tenho nada contra você, que não é conhecido meu e não é melhor ou pior do que eu. Na verdade, somos apenas seres que carregam em nós mesmos nossas misérias e vícios humanos. Nada mais do que isso nós somos, certo?

Minha mão no cabo da espada e meus olhos fixos nos dele o acalmaram um pouco e o fizeram refletir sobre os riscos para seu pescoço, pois em dado momento soltou uma das mãos do seu gládio e a passou por ele, como a pesar os prós e contras. Então dei o golpe final:

– Companheiro, observe que meu chefe recebeu uma ordem que, ou bem ele realiza ou cai em desgraça diante dos seus superiores. Mas os superiores dele não precisam saber que a magia cessou porque nós, aqui em baixo, usamos do bom senso e, num acordo de mútuas vantagens, demos um fim à ação negativa que é a única razão da nossa discórdia. Ou não é verdade que se ela não estivesse entre nós, não haveria razões para nos confrontarmos por meio das armas?

– Isso é verdade, companheiro.
– Então façamos bom uso do nosso escasso bom senso e chegaremos a um termo que será positivo a todos.
– Quem é você, companheiro?
– Eu sou o Chanceler e o meu chefe é o Exu Rei. E você, quem é?
– Chamam-me de Crueldade.
– Como você chama a si mesmo?
– Exu Trinca-ferro.
– Devemos negociar com você ou...
– Com minha rainha. Ela é responsável por tudo aqui.
– Então vamos até ela, certo? Meu rei irá gostar de conhecê-la! Afinal, soberanos se entendem, não?

Nesse momento meu chefe começou a interferir, mas meu raciocínio foi rápido. Mal ele falou:

– Chanceler de uma figa, eu...
– Tudo bem, meu rei! Eu confio nesse nosso companheiro. Já vi nos seus olhos que não devo desconfiar dele, e se ele já não servisse à

sua rainha, eu o recomendaria ao senhor como um dos mais valentes e confiáveis servos para comandar uma das suas legiões.

– Você faria o quê? – perguntou ele, espantado.

– Eu o recomendaria, sim, senhor! Mas como isso não é possível pois ele já tem uma rainha, então digo que ele merece sua consideração, meu senhor.

– Você acha que devo tê-lo na conta de um dos meus considerados?

– Plenamente, meu senhor!

– Então para mim está tudo certo. – concordou o meu chefe.

– Fico feliz com isso! – exclamei, já soltando o cabo da espada e estendendo os braços ao companheiro Trinca-ferro para um abraço. E ele, todo desconcertado, não reagiu senão como eu imaginava.

A primeira batalha havia sido ganha por minha língua tagarela que desarmara totalmente o adversário. Logo estávamos diante da Rainha, que nos recebeu rapidamente por insistência do Trinca-ferro. A mais importante batalha verbal ia ter início!

Eu a saudei em nome do meu senhor e fui fulminado por um olhar frio e uma pergunta eivada de desdém:

– Quem são vocês, bando de idiotas?

– Tudo bem, poderosa rainha! Pode tripudiar de nós, já que esperávamos ser recebidos por uma elegante dama, e não nos munimos das devidas salvaguardas. Mas, falando assim com meu rei, só irá tumultuar um processo já próximo de um final bom para todos nós.

– Quem é você, idiota falante?

– Sou o Chanceler, minha senhora.

– Seu chefe não fala por si próprio?

– Só quando ele está em seus domínios. Fora deles, ele me incumbe de falar em seu lugar.

– Quais são os domínios do seu senhor?

– Minha encantadora rainha! Nós não estamos diante de vossa alteza para discutirmos essas coisas. O motivo de estarmos aqui se deve a coisas bem menos importantes.

– Quais, por exemplo? – perguntou ela, olhando para minha espada.

– Um pequeno trabalho realizado por um dos seus servos que domina as magias negativas.

– Só por isso? Então seu rei não passa de um mísero escravo, certo?

– Não é nada disso, encantadora rainha. Essa pequena magia é apenas um pretexto para meu senhor, que não sabia como se aproximar só para conhecê-la pessoalmente.

– Só por isso vieram?

– Acha pouco a honra que estamos tendo de vê-la e conhecê-la pessoalmente?

– Era tanta a sua vontade de me conhecer?
– Sim, alteza! Quando um dos senhores da luz pediu ao meu senhor que pusesse um fim imediato à mísera magia negativa, eu, de imediato sugeri: – Meu senhor, por que não usa de um insignificante pretexto como este, e realiza o seu desejo de conhecer a rainha das sete pedras, da qual todos falam, mas que, por não sair dos seus domínios, tem se privado de conhecê-lo? Ele ainda obliterou sobre os riscos de tal ação sem prévio aviso. Mas eu, que aprecio o meu posto de chanceler, pois ele me possibilita conhecer as mais encantadoras damas e senhoras das trevas, dei-lhe garantias de que não haveria riscos depois de eu expor as razões da nossa visita ao seu fabuloso trono!
– Você sabia que, daqui desse trono, posso fulminá-los?
– Claro que sei. Mas também sei que a senhora não fará isso conosco, que tanto queríamos conhecê-la. Só usamos um mísero pretexto para tanto pois sabíamos que outro meio não tínhamos.
– Devo reconhecer que são muito corajosos.
– A coragem é a força dos nobres, minha rainha. Ou não é por sua coragem que se impõe sobre seus pares, sejam eles nobres ou não?
– Não tenho visto muitos nobres por estes lados sombrios, chanceler!
– Então é isso! – exclamei, admirado.
– Isso, o quê?
– Essa sua mal-dissimulada solidão e esse não dissimulado enfado! Mas eu a compreendo, minha rainha. Sei o quanto é difícil ter que lidar com aqueles que não fazem uso do bom senso para realizarem suas ações ou desejos.
– É difícil, chanceler. Volta e meia tenho de fulminar aqueles que irrompem nos meus domínios, imaginando que irão me destronar facilmente.
– Isso tudo eu conheço muito bem, minha rainha. Saiba que quando algum desses tolos invade os domínios do meu senhor, eu tento dissuadi-los. Mas são tão tolos que olvidam minhas palavras sensatas e preferem o fio da espada cortante nas suas gargantas.
– Insinua que minha garganta está ameaçada?
– Nem pense nisso, alteza! Ainda que fosse uma das muitas vadias que perambulam pelas sombras, o fio de minha espada não sentiria, pois o máximo que me permito com as companheiras da noite são algumas chicotadas não muito fortes. Mas, em se tratando de uma nobre de sua estirpe, dispo-me de minhas armas e a reverencio pelo seu saber, poder e beleza!
Bem, o fato é que como ela não tirava os olhos da minha espada, lentamente soltei o cinto e a depositei aos pés do meu chefe, dirigindo-me a seguir até ficar na sua frente. Aí, num gesto de galanteio, ajoelhei diante dela e disse:

– Em nome do meu senhor, que usou de uma mísera magia só para conhecê-la, eu a saúdo, Rainha das Sete Pedras! – e mantive a cabeça abaixada até que ela ordenasse:
– Levante-se, chanceler!
– Obrigado, alteza! – exclamei, pondo-me de pé diante dela, que após me olhar demoradamente, falou:
– Devo reconhecer que grande é sua coragem ao vir até aqui só para me conhecerem. E enorme é sua nobreza, pois confiaram na minha nobreza de que seriam bem recebidos por mim!
– Eu me sinto encantado quando tenho de adentrar os domínios de uma nobre rainha.
– "Adentrou" os "domínios" de muitas rainhas, nobre chanceler?
– A nobreza me obriga ao silêncio e à discrição quando se trata de assuntos tão secretos, minha nobre rainha.
– Compreendo, chanceler!
– Outra coisa eu não esperaria da senhora.
– O que o seu rei achou de mim, nobre chanceler?
– Ele está encantado com tanta beleza e nobreza, alteza.
– Verdade?
– Absoluta, alteza. E...
– E...?
– Espero, como seu chanceler, poder provar-lhe que é verdade o que acabo de dizer.
– Certamente terá oportunidade de "provar" o que acaba de dizer-me.
– Nada me alegrará tanto.
– Por quê?
– Já faz muito tempo que não trato com tão encantadora rainha. Mas... Paciência, pois são tão raras nesse lado tão sombrio da vida!
– Para falar assim, então já conheceu o lado luminoso dela, certo?
– É. Eu conheci. Mas por certas coisas que nem vale a pena revelar, dirigi-me ao lado sombrio.
– Eu o compreendo. Foi por uma dessas "coisas" que vim estabelecer meus domínios aqui.
Bem, o fato é que nesse momento dei o golpe que a desarmou por completo e em todos os sentidos, pois já estávamos a flertar há algum tempo por meio de palavras bem escolhidas. Aí, falei rápido:
– Por favor, alteza encantadora! Não a revele diante de companheiros das sombras pois nem todos têm ouvidos nobres o bastante para entenderem e compreenderem o que certas coisas fazem conosco!
– Tem razão, nobre chanceler! Quando estivermos a sós, as revelarei.

– Não tenho palavras para expressar o que sinto por merecer essa graça de poder "ouvi-la" em particular. Por favor, tenha em mim o mais discreto dos seus ouvintes, encantadora alteza!
– Eu sei que será muito discreto, chanceler.
– Claro que serei. E digo-lhe que um indiscreto não merece uma punição que não o fio de minha espada!
– Que o fio de sua espada seja a pena aos indiscretos sobre nossas "revelações", chanceler!
– Assim disse e assim será, nobre rainha!
– Assim eu disse, e assim haverá de ser até que eu anule essa minha pena. Mas... seu rei está satisfeito por ter me conhecido?
Eu me virei para meu chefe e fiquei à espera de suas palavras. Ele se encheu de coragem e falou:
– Rainha das Sete Pedras, modestos foram os que falaram de sua beleza. Só sinto não ter um presente digno de sua majestosidade para presenteá-la à altura que merece.
– Apesar de muitos serem possuidores de grandes domínios e grandes poderes, eu sei e o senhor também sabe que só uns poucos podem me oferecer alguma coisa que me agrade! – respondeu ela.
– É, eu sei que é assim. Só sinto ter usado um pequeno pretexto para aqui poder ter vindo, e conhecê-la.
– Façamos melhor! Eliminemos o pequeno pretexto e melhor me parecerá sua visita, pois são tão raros os nobres, e mais raros ainda os corajosos!
– Mesquinho foi quem falou-me de sua sabedoria, Rainha das Sete Pedras! Ela é imensa, e honra sua beleza e nobreza.
– Vou ordenar que quem usou o pequeno pretexto seja eliminado totalmente. Aí ninguém dirá que usou de um pretexto para conhecer-me.
– O que dirão, alteza?
– Que veio visitar-me pois confiava que seria bem recebido por mim, uma vez que suas intenções eram nobres.
– Outra rainha tão sábia jamais conheci nos domínios sombrios, Rainha das Sete Pedras!
– Se continuar a me lisonjear desse jeito, ficarei envaidecida, rei.
– A vaidade só irá ressaltar sua nobreza e realçar sua beleza.
– Não tenho palavras para tanta gentileza, rei!
– Só sua satisfação me basta, rainha.
– Então dou por terminada essa audiência.
– Nunca me esquecerei de sua beleza, rainha!
– Quando se lembrar dela e algo vibrar em seu íntimo, então novo pretexto terá para visitar-me novamente, rei.
– Assim será, nobre rainha. Mas até que algo vibre, meu chanceler virá em meu lugar, quando de sua beleza eu me lembrar.

– Sim. Assim será entre nós.
– Com sua licença, pois vamos nos retirar, Rainha das Sete Pedras.
– Licença concedida, mas com uma condição, rei! – exclamou a rainha.
– Qual é ela? – quis saber ele.
– Seu chanceler possui uma espada muito poderosa. E como ela está a seu serviço nesse momento, então quero que ele só venha a levantá-la do solo quando todos os seus tenham se retirado dos meus domínios.
– Mas... Terei meu chanceler de volta e em condições de continuar a me servir?
– Isso só dependerá dele, que é o senhor dela. Caso, ao "levantá-la" me agrade, então o terá de volta. Mas caso me desagrade, então irá tê-lo de volta sem sua espada, rei!
– Bem, espero que ele ainda se lembre do modo como um nobre deve levantar e esgrimir sua espada diante de tão encantadora rainha.
– Eu também, rei! – exclamou ela, dando a seguir uma discreta risada enquanto olhava para minha espada em seu aparente repouso.
Bem, o fato é que assim que meu chefe se retirou, ela ordenou aos seus escravos que também desaparecessem. E foi tão incisiva que, num piscar de olhos, só ela e eu estávamos ali. Então perguntou-me:
– Não vai recolher sua espada, chanceler?
– Não, minha rainha.
– Por que não?
– Aqui, sob seu amparo, não preciso dela. E se não preciso dela, nada melhor do que não tê-la entre nós dois para que não nos incomode com sua insensibilidade, que só iria anular a nossa sensibilidade.
– Ela também tem esse poder?
– Tem sim.
– Então é por isso que a usa sobre seu sexo?
– É sim.
– Por quê?
– Como deve ter visto, presto serviço a um centro.
– Eu vi isso, chanceler.
– Pois é isso, rainha! Por lá há umas servas da luz que são uma tentação para meus olhos. Como não desejo nada com elas, então uso a espada para anular meus desejos.
– Eu vi como reagiu após retirar sua espada.
– É. Mas não viu o esforço que despendi para que não ficasse...
– Seus olhos têm o mesmo poder de penetração que os meus. Logo, não deixou de ver a horrível forma que esta minha belíssima aparência oculta. Estou certa?

– Está. E é exatamente por isso que estou assim, tão sobrecarregado e muito incomodado.
– Não precisa ocultar o que sente, chanceler.
– Obrigado, rainha generosa! – exclamei, feliz por poder liberar minha excitação, que imediatamente ficou visível.
– Impressionante, chanceler!
– Não gostaria de saber as razões de eu ser assim, tão gerador de energias?
– Claro, pois daqui não sairá antes de esgotá-las comigo.
– Não tem um lugar mais apropriado para ouvir-me?
– Tenho sim. Mas antes dispa essa sua capa.
– Muito me agrada livrar-me dela.
– Então acompanhe-me até meu aposento mais íntimo, chanceler!
Pouco depois, conheci o seu aposento. Como ela se espalhou sobre uma cama, deitei-me ao seu lado. Então ela pediu-me que falasse sobre as razões daquela minha excitação.
Eu revelei tudo o que havia acontecido, e vi uma transformação nos seus olhos frios. Aí perguntou-me:
– Por que fugiu da Luz, pois eu sei que não foi expulso, e nem sofreu uma queda?
– Fugi ao me sentir espoliado por alguém que eu amava muito.
– Não a ama mais?
– Ainda tenho dúvidas. Logo, é melhor não me lembrar dela e retornar às que me entendem e não têm interesse em me trair.
– Como pode ter certeza de que não o trairei?
– Eu prefiro acreditar que não me trairá.
– Por quê?
– Bem, se eu não acreditar nisso, nada mais me restará, rainha.
– Por quê?
– Eu fugi da Luz, lembra-se?
– É mesmo. Eu havia me esquecido desse detalhe. Mas por que não envolve as servas da Luz para dar vazão às suas energias?
– Eu não quero mentir-lhes, pois aí será ruim para elas.
– Por quê?
– Ora, elas desejam se elevar às esferas superiores, e eu apenas desejo me relacionar com quem já se assentou no seu degrau, e disso tem consciência o bastante para não abandoná-lo por causa de um ocasional amante que possa surgir em sua vida.
– Eu sou esse alguém, certo?
– Isso mesmo, rainha. Atua nas sombras, mas imenso é seu poder pois está assentada no seu degrau, que é amparado, protegido e direcionado pela Lei Maior.

– Grande é o seu conhecimento, chanceler. Sabe muito mais do que imaginei.

– Eu sei tudo sobre você, companheira de destino.

– Tudo?

– Tudo mesmo.

– Como conseguiu? Foi o meu escravo quem revelou-lhe?

– Não, não! Ele não conhece nem dez por cento de você.

– Não me atormente tanto, chanceler. Como você sabe tudo sobre mim?

– Eu vivi muito tempo no meio aquático. E, não sei como, adquiri uma faculdade que me permite captar tudo sobre quem fala comigo, ou seja: troca de energias.

– E para quem troca inocentes olhares com você?

– Também. Num piscar de olhos absorvo tudo.

– Então...

– Sim, absorvi todo o conhecimento oculto dos teus magos das coisas negativas.

– Então, se já havia absorvido todos os mistérios do meu trono, caso eu tivesse tentado fulminá-lo, fulminada eu seria!

– Não seria.

– Por que não?

– Eu nunca iria usar um poder seu contra você. Isso nem me ocorreu!

– Deixar-se-ia fulminar sem reagir?

– Sim.

– Mas que absurdo! Por quê?

– Eu vivo agoniado, rainha. Não imagina como sofro por ter que dissimular essa minha agonia.

– Qual a razão ou causa dessa sua agonia?

– Certa vez estive em um lugar tão puro, mas tão puro, que lá eu poderia flutuar caso isso quisesse. E à noite, ao contemplar o mais lindo céu estrelado que possa imaginar, tinha a impressão de que poderia alcançar as estrelas. Eu sentia que estava perto, muito perto da morada dos anjos. Mas quando resolvi entrar num riacho cristalino, afundei, afundei e afundei. E fui tomado por uma sensação tão horrível de queda que recentemente essa agonia incurável foi despertada em mim novamente. Sinto que estou caindo, sabe?

– Mas você disse há pouco que viveu e dominou os conhecimentos do reino elemental aquático, certo?

– Sim, é verdade.

– Então não caiu de verdade.

– Eu, depois de ter estado muito próximo da morada dos anjos, agora estou aqui, próximo da morada dos demônios, não?

– Isso é verdade.
– Aonde irei parar mais adiante?
– Quem saberá?
– Quem souber, não irá dizer-me, irmã amada.
– Há pouco você disse que nunca mais chamaria alguém assim. Por que chama-me agora?
– Você é um ser especial, muito especial. Em muitos sentidos se parece com Maria quando nos conhecemos. A você eu tenho coragem de revelar o que se passa em meu íntimo.
– Confia tanto assim em mim, uma guardiã das sombras?
– Eu preciso confiar em alguém, irmã amada! – exclamei, enquanto recostava minha cabeça em seu peito.
– Não se incomoda em recostar sua cabeça em um corpo todo deformado?
– Não. E além do mais, estou recostado no peito de uma irmã que amo.
– É verdade que me ama?
– Não tenha dúvidas, irmã amada! – murmurei, já derramando lágrimas em abundância, que correram pelas minhas faces e caíram sobre o seu deformado peito.
– Suas lágrimas são quentes, amado irmão de destino!
– É, elas são quentes.
– Só os anjos derramam lágrimas quentes, sabia?
– Não. E além de não saber, também não sou um anjo, irmã amada.
– É sim. Apenas não sabe disso. Seu calor regenerou meu corpo.
– Não sou não. Sou só um ser humano muito agoniado, e que nada mais deseja senão um pouco de prazer para não sentir-se tão infeliz.
– Você me deixa com a mesma aparência que eu tinha antes de sentir seu calor.
– Por quê?
– Bem, eu, um espírito frio em todos os sentidos, emocionei-me tanto com você que desejo proporcionar-lhe um pouco de prazer!
– Você ficou impressionada.
– Não é não, querido irmão.
– Então o que é?
– Eu, se revelar isso a alguém, serei motivo de riso, mas eu sei que tenho em meus braços um anjo.
– Só por isso?
– Não.
– Por que então?
– Ora, se sou fêmea e você é macho, e se você me aceita como sou, então posso proporcionar-lhe um pouco de prazer.

— É isso que você quer, rainha?
— Por que não me chama pelo meu nome, se você sabe como ele é?
— Está bem. É isso que você quer, Mariana?
— Sim, ser que nunca amei ou foi me permitido.
Eu levantei minha cabeça e a olhei nos olhos. Então murmurei:
— Maria e agora... Mariana.
— Sim, eu mesma. Venha, não me faça esperar nem mais um segundo, pois estou ansiosa por sentir esse seu calor.
— Maria sentia em mim o frescor ou a alegria. E Mariana sente em mim o calor ou o envolvimento.
— Isso mesmo. Você me envolveu por inteira e em todos os sentidos. Venha, meu amor!
Bem, o fato é que fui. E como fui!
Tanto fui que dela só me afastei quando ela, já exausta, pediu-me:
— Por favor, amor, pare um pouco senão me esgotará por inteira de tantos êxtases, que se sucedem e são intermináveis!
— Eu recuo, mas não a solto dos meus braços.
— Por que não?
— Não quero deixar de senti-la nunca mais!
— Então vele o meu sono, pois sinto que preciso dormir.
— Pode dormir tranquila, querida! Ninguém irá perturbar o seu sono enquanto eu estiver ao seu lado.
— Sua espada está muito longe nesse momento.
— Bastará eu levantar minha mão direita e a terei pronta para o combate numa fração de segundos!
— Então meus inimigos não me incomodarão e meu sono será tranquilo.
— Será sim. Agora durma.
— Sim... Meu... Amor!
Mariana dormiu tranquilamente em meus braços. E quando despertou, sorriu-me feliz. Depois olhou para o próprio corpo e perguntou-me:
— Estou parecida com o que era antes de sentir teu calor?
— Tudo está igual, na aparência plasmada belíssima que usava para cobrir seu espírito deformado.
— Mesmo?
— Não tem nem um fio de cabelo a mais ou a menos que tinha na aparência. Mas com uma significativa diferença!
— Qual?
— Essa agora é a sua forma, não sua aparência.
— Não sei como agradecê-lo, querido!
— Eu sei!

– Então colha os meus mais íntimos agradecimentos, meu amor!

Eu não deixei de colher muitos agradecimentos de Mariana. E também a ajudei quando ela revelou que estava a ponto de cair. Eu quis saber a razão:

– Bem, são tantos os meus inimigos que, de um momento para outro, serei atingida.

– Então tem transgredido a Lei, certo?

– Acho que me cerquei do que há de pior nas trevas. E, se por um lado sou respeitada, por outro sou odiada em demasia.

– Só isso não seria motivo para você sentir-se ameaçada.

– Não acha o bastante?

– Claro que não. Deve haver outras razões e vou saber quais são, certo?

– Como as descobrirá?

– Ouvindo o que a Lei diz sobre você.

– Isso é possível?

– É sim. A voz da Lei flui naturalmente o tempo todo. Só não a ouve quem não quer.

– Como fazer para ouvi-la?

– O primeiro passo é ouvir sua consciência. O segundo, a consciência dos teus semelhantes; e o terceiro e último é ouvir a consciência coletiva. Se ainda assim não conseguir ouvir nada, então sua hora final já é chegada.

– Você ouve o que essas consciências dizem sobre mim?

– Sim. Mas, por um impedimento da própria Lei, não posso revelar-lhe nada.

– Então esse nosso tão agradável encontro é a minha última ceia de condenada?

– Talvez possa vir a ser a primeira de sua libertação, Mariana. Comece a meditar as suas ações negativas ao longo do tempo, e suas reações bloqueadoras dos executores dos desígnios da Lei. Enquanto você medita, eu vou ser seu chanceler até afastar os punhais apontados na direção desse seu lindo pescoço, certo?

– Ajude-me, chanceler!

– Ajudarei, sim.

Bem, o fato é que, como seu chanceler, em primeiro lugar fui iniciar a pacificação de suas inimigas e deixei os inimigos para mais tarde.

Tive tanto sucesso com elas que quando comecei a ir ao encontro dos seus inimigos, já era aguardado ansiosamente, pois queriam saber como eu conquistava aquelas cruéis damas das trevas. Eu não só revelei, como lhes ensinei algumas coisas que, ou não sabiam ou não se lembravam mais. Mas também os ajudei, em certo sentido da vida, a obterem um pouco de prazer.

E isso tudo eu fazia nos intervalos entre os trabalhos no centro. Mas só uns poucos tinham conhecimento do que eu fazia, pois a pena do fio da minha espada pendia ameaçadora contra quem quebrasse a lei do silêncio de minhas ações nas trevas. E foi nesse tempo que uma daquelas irmãs luminosas aproximou-se certa noite, durante os trabalhos, e perguntou-me:

– Irmão, podemos falar um pouco?

– Senhora, não é necessária nos trabalhos que se realizam lá dentro?

– Não tanto como o que tenho que realizar aqui fora.

– Do que se trata? – perguntei, já segurando o cabo de minha espada.

– Não se trata de nada do que imagina, irmão! – exclamou ela com um encantador sorriso nos lábios.

– Então... do que se trata?

– De você, irmão...

– Zé. É assim que me chamo.

– Zé, e nada mais?

– Isso mesmo.

– Você deve ter um outro nome, não?

– Eu tenho. É Zé-Ninguém. Mas os companheiros preferem chamar-me de Zé.

– Não vou insistir com seu nome, pois deve ter suas razões para ocultá-lo, certo?

– É. Eu as tenho de sobra. Mas... Era isso que queria saber?

– Não. Eu sou uma das doutrinadoras e acredito que o melhor meio de servir a Deus é ir recolhendo para o interior os que ainda estão no exterior.

– Abençoado é esse seu trabalho, senhora!

– Fico feliz em ouvi-lo falar isso, irmão Zé.

– Sua felicidade me alegra.

– Então meu desejo de um dia vê-lo auxiliando-nos lá dentro logo será realizado! – exclamou ela, com os olhos muito brilhantes.

– Senhora, eu tenho uma função a desempenhar aqui fora em benefício do trabalho que vocês realizam lá dentro.

– Tem sim, irmão. Abençoado é por desempenhá-la tão bem!

– Ótimo.

– O que é ótimo, irmão?

– Já estou integrado ao todo que é esse agrupamento de espíritos afins. E só deixarei de desempenhar minha função caso me dispensem ou eu venha a extrapolar-me.

– Mas eu...

– Por favor, senhora. Sinto-me tão bem fazendo o que faço!

– Mas é preciso olhar para o futuro de uma forma que o conduza a uma contínua elevação.

— Elevação sem crescimento não leva a nada. Antes de alguém almejar a elevação, precisa ver se já cresceu interiormente o suficiente para elevar-se. Se assim não fizer, com toda certeza irá cair. E muito!
— Já caiu alguma vez, irmão?
— E como!
— Compreendo.
— Já caiu alguma vez, senhora?
— Não. Minha elevação é tão pequena que, se eu vier a cair, ninguém notará.
— A minha também não foi notada por ninguém, e ninguém se preocupou em impedir que eu caísse. Acho até que a ela fui empurrado quando o de que eu mais precisava era que me amparassem. Logo, não compreende, senhora.
— Afronta tudo o que prego em minhas doutrinações, irmão.
— Muito pelo contrário, senhora. Apenas tento dizer que estou bem como estou, e onde estou.
— Por quê?
— Onde estou não existe a dissimulação dos sentimentos. Cada um é como é, e pronto!
— Traz uma grande mágoa, irmão.
— Não é mágoa. Eu prefiro entender o que aconteceu comigo como incompreensão. Mas também não duvido de que tudo se deva ao fato de eu me elevar sem antes ter crescido interiormente. Logo, prefiro crescer nas sombras a na luz!
— Irmão!
— Só é sólida a árvore que tem fortes e profundas raízes. Então, olhe para mim como uma semente que antes de brotar para a luz prefere sentir crescer suas raízes no subsolo.
— Uma planta assim talvez nunca brote para a luz, irmão.
— Bem, se isso não acontecer, paciência!
— Vejo tanta inflexibilidade em seus olhos.
— A boa lição é aquela que aprendemos na primeira vez que a recebemos. Como ela está em nossa memória, de uma segunda não precisamos, certo?
— Eu gostaria muito de merecer sua confiança só para devolver-lhe a confiança nos seus irmãos da luz.
— Mas eu não desconfio deles, senhora! Apenas desejo continuar com meu tão pouco valorizado trabalho de guarda desse centro de trabalhos espirituais.
— Vários irmãos que começaram conosco, bem depois de você e nessa mesma função, hoje já assumem funções no interior dele, irmão.

— É. Eu vi isso acontecer.

— E mesmo assim não se anima a deixar essa capa preta e essa assustadora espada?

— A capa protege parte do meu corpo, e a espada simboliza minha função. Sou o que sou: um guarda!

— Quando chegou aqui, fiquei muito animada, pois vi pureza nos seus olhos, e pensei que logo iria juntar-se aos que trabalham no interior. Acho que me enganei.

— Não se enganou, não. E tanto juntei-me a eles que não permito que espíritos errantes penetrem aí e os perturbem. Eu sou parte do todo. Eu sou parte do todo, senhora!

— Não era isso que eu queria ouvir de você, irmão.

— O que queria ouvir? Que também a acho bonita e atraente? Ou não é assim que sou visto por você?

— Como ousa dizer tal coisa?

— Eu minto?

— Você é um insensível, irmão!

— Só porque não dissimulo ou oculto meus sentimentos? Ou não teria sido muito mais prático se me abordasse a partir do que sente por mim?

— Eu... Eu...

E mais aquela senhora tão encantadora não falou. Apenas irrompeu num pranto incômodo e se retirou cabisbaixa. Como eu imaginei, logo fui chamado a explicar o meu procedimento em relação à irmã doutrinadora. Vários outros espíritos iluminados se acercaram de mim para exigir explicações e também para recomendarem que eu meditasse minha conduta. Ouvi-os em silêncio e perguntei:

— Isso significa que estão me dispensando do meu posto de guarda?

— Se não mudar sua conduta, então será dispensado – falou o irmão José, o mesmo que havia me trazido até ali.

— Não fiz ou disse nada de errado. Logo, não tenho porque alterar minha conduta em nada.

— Mas você desrespeitou nossa irmã. E isso é falta de doutrina, irmão.

— Desde quando dizer a uma mulher bonita e atraente que ela é bonita e atraente constitui-se em uma ofensa?

— Depende do contexto em que é dito, irmão.

— Quando eu disse isso, foi em decorrência do que falávamos.

— Ela veio até você para doutriná-lo, não para ouvi-lo dizer que ela é bonita e atraente.

— Que absurdo! Eu tenho me mantido na sombra desde que aqui cheguei. Jamais me excedi nas minhas funções ou deixei de cumprir uma ordem do meu chefe imediato, e só tenho feito o que esperavam de mim. E ainda assim a Luz vem às sombras só para me incomodar. Que absurdo!

– Culpa a Luz pela sua conduta, irmão?

– A Luz, não. Mas aos que estão nela, sim. Deixem-me em paz, por favor!

– Eu o indiquei para essa função pois acreditava que um dia iria transpor a porta que conduz à Luz. Mas como me enganei, você está dispensado de suas funções, irmão!

– Quanta hipocrisia! Chamam-me de irmão e me mandam ao inferno. Para que dissimular o que pensam de mim, ou dos iguais a mim? Não seria mais humano, correto e explícito chegarem até mim e perguntarem: "Companheiro das sombras, por que se negou a submeter-me a tão sutil sedução dessa nossa companheira?" Aí eu responderia que prefiro a abordagem direta quando os sentimentos mais elevados estão sendo influenciados pelos sentimentos de desejo. Mas... Tudo bem, certo?

– Irmão, você confunde nossas palavras e nossos sentimentos! – finalmente reagiu a irmã, fulminada por minhas palavras.

– Irmã, se tivesse sido direta ao me abordar, eu iria me sentir no dever de compartilhar contigo um período de minha vida. E com certeza iria ajudá-la no seu abençoado trabalho de doutrinação dos nossos irmãos menos esclarecidos ou mais afastados de Deus. Mas não foi assim que as coisas aconteceram desde que viu-me pela primeira vez. Faltou-lhe coragem e não a culpo, senão, o que não diriam esses "nossos irmãos" aí? Certamente iriam dizer-lhe que estava caindo vibratoriamente ou se deixando dominar pelo sentimento de desejos. Ou não é isso que mais dizem nas suas doutrinações? Quando o mais correto, sábio e lógico seria dizerem: analisem-se sob a luz dos sentidos da vida e vejam se não deixaram que antigos sentimentos negativos despertassem em vocês vibrações incontroláveis enquanto não as submeterem aos ditames da Lei da Vida!

Bem, o fato é que todos à minha volta se calaram, e eu me aproveitei do silêncio momentâneo e dali me afastei com passos rápidos. E já ia longe quando meu chefe surgiu na minha frente e me saudou:

– Salve, chanceler!

– Salve, rei.

– Não está se esquecendo de algo?

– É mesmo! Eu cheguei nu, e nu devo partir, certo?

– Errado. A eles você engana, mas a mim, não. Logo, está na hora de cumprir sua promessa, certo?

– Desculpe-me, chefe. Eu não o ajudei antes porque não teve coragem para me pedir isso.

– Criei coragem quando vi que ia me deixar, meu chanceler.

– Muito me alegro de que finalmente tenha se decidido a voltar à vida nesse sentido, rei.

– Chanceler, ninguém conhece melhor do que eu esse seu dom de falar. Logo, vamos ao que me deve, certo?

– Eu nunca prometo o que não posso fazer. Mas antes de receber o que quer, terá que dar-me uma coisa em troca.
– Qual é o preço a ser pago?
– Dê-me um pouco do seu tempo.
– Para quê?
– Quero ensinar-lhe algumas coisas que jamais irá se esquecer, pois serão uma lição de vida.
– De quanto tempo precisa?
– Muito pouco, companheiro. Muito pouco mesmo!
– Assim que o trabalho do centro terminar, estarei contigo pelo tempo que for necessário.
– Ótimo! Aqui mesmo o aguardarei.
Mais tarde ele veio ter comigo e perguntei:
– Preparado para sua mais importante lição de vida?
– Sim, chanceler.
– Então vamos aos domínios da Rainha das Sete Pedras, ou Mariana.
– Vejo que até o seu nome você arrancou-lhe, chanceler.
– É, até o seu nome ela me revelou. Mas, se o fez, foi porque dei a ela o que você não soube ou pode dar, companheiro.
– O que foi que você deu a ela?
– Prazer. Apenas prazer!
– Eu tentei dar isso a ela.
– Mas o que deu foi dor e desilusão, certo?
Ele fez menção de sacar sua espada, mas o adverti:
– Não tente, companheiro. Poderá pagar caro por interromper sua maior lição de vida!
– Tudo bem, chanceler. Mas Mariana não irá permitir que eu entre em seus domínios.
– Ela aguarda ansiosa pelo seu retorno, companheiro. Mas ela o quer após sofrer uma transformação tão acentuada quanto a que ela sofreu após receber sua própria maior lição de vida.
– Como posso ter certeza disso?
– Ela mesma me pediu ajuda para que voltassem a se ver com outros olhos. Mas disso falaremos mais tarde, certo?
– Não sei por que confio em você, chanceler.
– Eu sei por que.
– Por quê?
– Bem, se você não confiar em mim, então não terá mais uma razão para continuar na direção que tomou quando aceitou curvar-se diante da Lei.

– Isso é verdade. Eu estava a ponto de deixar meu posto quando você surgiu. E a promessa implícita no nosso primeiro diálogo me acalmou e me sustentou até agora.
– Eu sei que foi isso.
– O que mais você sabe, companheiro?
– Muitas coisas. Quando eu levá-lo até Mariana, de muitas você também será conhecedor. Vamos?
– Você é meu guia, chanceler!

Num piscar de olhos nós estávamos numa região dos domínios de Mariana que era ocupado por espíritos caídos diante da Lei da Vida e esgotados pelos tormentos das trevas. Eu, parando diante de um espírito todo deformado, perguntei ao rei:
– Companheiro, o que seus olhos estão vendo?
– Um ser todo deformado.
– Por quê?
– Ora, ele se entregou aos vícios e ficou assim.
– Nada mais consegue ver?
– Não.
– Então vamos até uma prisão no plano material.
– Aonde deseja chegar?
– Logo verá com seus próprios olhos e descobrirá algo que o surpreenderá muito!
– Então vamos.

No instante seguinte já estávamos dentro de uma prisão, e eu, apontando para um dos prisioneiros, perguntei:
– O que seus olhos veem, companheiro?
– Um encarnado.
– É só isso que consegue ver?
– Sim.
– Ótimo. Vamos ao último lugar onde terá que ver algo antes de começar a aprender, certo?
– Sua conduta se parece com um enigma, companheiro.
– E é. Pois é o grande enigma da imortalidade do ser humano.
– Isso quero ver.
– Verá!

Eu o levei até uma fonte de água e, usando uma de minhas faculdades, chamei irmãos elementais aquáticos. Após comunicar a eles o que precisava, saíram à tona. Então perguntei:
– Companheiro, o que seus olhos veem?
– Elementais da água, chanceler.
– Só isso?

– Sim, ora!

– Aqui começa a lição, por isso quero que observe bem todo o corpo desses nossos irmãos até que comece a identificar no corpo elemental deles os sentidos correspondentes aos humanos, certo?

– Nunca usei minha visão nesse sentido, companheiro!

– Então eu ensino-o.

Eu pouco a pouco o guiei para uma nova visão dos seres à nossa frente. E quando ele "começou" a ver, agradeci os irmãos elementais e retornamos até o mesmo espírito caído e deformado. Aí, perguntei:

– Companheiro, o que seus olhos veem agora?

– Um espírito que já teve um corpo perfeito, mas que, por ter perdido a noção dos seus sentidos, deformou-o.

– Sua visão das coisas está se aperfeiçoando rapidamente, companheiro!

– Com um mestre como você a abri-la, de outra forma não poderia ser.

– Então use o seu poder visual e volte a olhar aquele prisioneiro e depois me diga o que seus olhos viram. Mas não tenha pressa, certo?

– Certo, mestre.

– Chanceler, por favor!

– Tudo bem, chanceler.

Após uma demorada olhada no prisioneiro, ele falou:

– Em princípio, vi um corpo carnal perfeito, mas, apurando a visão, vi um corpo carnal habitado por um espírito escurecido.

– Sabe o que significam aquelas manchas escuras?

– Sentidos sobrecarregados de energias negativas, certo?

– Certíssimo. E que farão com que o corpo espiritual daquele ser sofra deformações após o seu desencarne, certo?

– Agora compreendo! Continue.

– Voltemos ao nosso irmão aqui caído, e localizemos seu mental.

– Com você a me ensinar, logo o localizarei.

– Ótimo!

Logo ele também localizava com sua visão o mental daquele irmão caído. Então ensinei-o a "ouvir" o que vibrava naquele ser, ainda que estivesse em silêncio. Após "ouvi-lo", levei-o a um ovoide, que é um ser recolhido em si mesmo, pois fora esgotado energeticamente em todos os sentidos. E aí ordenei:

– Ouça-o, companheiro!

Pouco depois ele comunicou-me que já estava ouvindo-o.

– O que ele está dizendo?

– Que está ardendo em chamas.

– Você vê algum corpo ardendo em chamas?

– Não.

– Então qual é a razão de ele ainda senti-las se só restou o seu mental?
– Não sei.
– Não será porque ainda existe nele um corpo não visível aos seus olhos?
– E existe?
– Existe sim, senhor.
– Preciso ver isso, chanceler!
– Para quê?
– Analisando tudo o que "vi", e com você a abrir minha visão, chegaremos ao que me falta, certo?
– Isso é certo. Mas, será que revelarei um mistério da vida só para que possa dar vazão aos seus desejos de posse de uma mulher? Será só pelo prazer vazio que um mistério da vida irá ser mostrado a você? Será que não lhe ocorre que Alguém, invisível aos seus olhos, estará falando-lhe nesse momento que eu revelo um mistério da vida para que, conhecendo-o, você o absorva e então venha a transformar-se em um mistério da vida?
– Como?
– Isso que ouviu, companheiro de destino.
– Eu...
– Ora, se é dando que se recebe, então, se recebemos temos por dever dar. Certo?
– Suas palavras me confundem.
– Se isso ocorre, não é porque elas sejam confusas, mas, sim porque você se confundiu ante os princípios da vida. Não culpe as minhas palavras pela sua confusão.
– Preciso refletir um pouco.
– Conheço um lugar muito bom para reflexões.
– Onde fica?
– No topo de uma colina, não muito distante daqui.
– Você sabe que para nós, espíritos, as mais longas distâncias são vencidas num piscar de olhos.
– Sei, sim. E também sei que a distância que temos que vencer para podermos ouvir as vontades divinas são muito curtas!
– Por que são tão curtas, chanceler?
– Elas estão em nós mesmos. A sua distância, até que está bem aí. – falei, indicando o local onde deveria existir um órgão energético.
– O sexo que não possuo!
– Comente a ausência dele, companheiro.
– Foi Mariana quem o amputou desse meu corpo espiritual, assim como já havia feito o mesmo quando eu possuía um corpo carnal.
– Medite um pouco mais e dê uma interpretação mais próxima do que vejo, certo?

– Imagino que você saiba que ela, num acesso de loucura, amputou meu sexo carnal só porque me relacionava pouco com ela, pois preferia as damas da corte.
– É, sei sim. Mas... Por quê?
– Ela não era nada atraente.
– Então por que se casou com ela?
– Ora, ela era herdeira do trono e eu, casando-me com ela, um dia seria rei. E fui!
– Tomou o cetro real das mãos dela, mas negou-lhe o teu "cetro" carnal, certo?
– É, foi assim – murmurou ele.
– Então, dê-me uma interpretação mais condizente com a verdade, pois a minha interpretação dos fatos não vale nada neste momento. Existe Alguém que ouve tudo e todos, e quer ouvir a sua interpretação, companheiro.
– É Deus, não?
– Ele mesmo. E você sabe tão bem quanto eu quem Ele é.
– É. Eu errei ao ambicionar o poder e também errei com Mariana.
– A extensão dos seus erros não se limitaram a isso apenas, companheiro.
– Não?
– É claro que não. O que dizia aquele ovoide?
– Pai, socorra-me pois estou sendo queimado vivo! É horrível ouvi-lo. Incomodou-me muito a sua agonia.
– Muito mais incomodado ficaria caso eu lhe dissesse que aquele ovoide é um dos teus filhos bastardos?
– O quê?
– Não lembra mais do filho de Cibele, uma das tuas amantes preferidas, mas que afastou da corte logo que soube que estava grávida de você?
– Eu não pensei... Meu Deus, que horror!
– Mariana enviou sicários, com ordens implacáveis e recompensas régias, até onde a infeliz estava. Eles incendiaram a casa onde estava a mãe e o filho, já com cinco anos de idade.
– Meu Deus, que tragédia! Que horror! Quanto sofrimento por causa dos meus desejos!
– Nesse caso, quem atuou foi sua ambição, companheiro. Aplacaria seus desejos se tivesse casado com uma mulher que o agradasse nesse sentido. Mas, por causa da sua ambição casou-se com uma mulher que o desagradava.
– Chanceler, pelo amor que tem por Deus, liberte meu filho desse tormento! – clamou ele em desespero.
– Ainda não viu toda a extensão dos seus erros, companheiro.

– Não preciso ver mais. Os clamores dele já me comovem muito.

– Ainda se lembra do rosto revoltado do prisioneiro que vimos na prisão?

– Sim.

– Saiba que ele é outro dos seus filhos bastardos, que reencarnou tão revoltado, mas, tão revoltado que, nem com o auxílio de um casal de abnegados servos de Deus conseguiu aplacar sua revolta e, ainda na carne, entregou-se aos vícios e ao crime.

– Não!

– É sim, companheiro.

– Você é o meu juiz implacável, não?

– Sou só alguém que está ouvindo o que a Lei está dizendo, assim como aos gritos de agonia provocados por sua ambição. É só isto que sou: um ouvinte da lei.

– Mas é tão frio!

– Só porque não me desespero diante de fatos consumados?

– Então por que não ajuda meu pobre filhinho? Os gritos dele não o comovem?

– Por Deus, companheiro! Não são só os gritos dele que ouço!

– Que outros gritos mais você ouve, chanceler? – perguntou ele, já deixando correr lágrimas pelos olhos.

– Você não os ouve?

– Não. A que gritos se refere?

– Aos gritos de agonia de todos esses milhares de espíritos caídos nesse plano da Lei, companheiro. Ou ainda não percebeu que quando olho vejo tudo, e que quando ouço, tudo eu ouço?

– Meu Deus, é um anjo!

– Não sou isso não, companheiro. Eu sou apenas um ser humano que aprendeu muito com os seres originais, e agora tenho dificuldades porque não compreendo a extensão do sofrimento humano. Eu acredito que não foi para sofrerem que Deus os criou!

– Meu Deus, estou enlouquecendo!

– Por que, companheiro?

– Também começo a ouvir os gritos de agonia deles! Meu Deus, perdoe-me por ter despertado tantos gritos de agonia, quando melhor eu teria feito se tivesse proporcionado a eles sorrisos de alegria! – clamou ele, caindo de joelhos pois sucumbira ao peso da Lei. E ficaria louco se eu não tivesse ido até o que restara do filho dele e, tocando-o com um dos meus dedos, não tivesse devolvido seu corpo espiritual, já sem as dores provocadas pelas lembranças das chamas que o haviam consumido quando vivera num corpo carnal.

Quando lhe estendi o seu filho, ele o abraçou como um náufrago se agarra à boia que o salvará do afogamento. Então os envolvi numa irradiação e os levei a um lugar bem distante dali, para que pudesse acalmá-lo.

Demorou para eu conseguir que ele deixasse de ouvir os gritos de agonia dos espíritos caídos. E quando se acalmou, deixei-o chorar à vontade até que esgotasse seus sentidos sobrecarregados de energias negativas.

O tempo todo ele permaneceu abraçado ao filhinho, que também chorou muito, ainda que nada entendesse. E em dado momento o rei me olhou com o mais vazio dos olhares e perguntou-me:

– Por que eu fiz essa criança sofrer tanto?

– Talvez ela tivesse que sofrer.

– Mas... Por quê?

– Bem, essa criança tão sofrida, há muitos séculos foi um capitão de exército que se comprazia em, após vencer suas batalhas, ver as aldeias arderem em chamas. E isso com os habitantes dentro de seus lares!

Então os sentidos dele se inverteram tanto com aquele viciado sentimento de prazer, obtido a partir de seres ardendo em chamas, que só sendo submetido por um longo período aos tormentos do fogo ele esgotaria sua capacidade de sentir prazer a partir do sofrimento alheio.

Às vezes, temos dificuldades em compreender certos acontecimentos, pois nos esquecemos de olhar as suas causas. Mas, se sempre observarmos as causas dos efeitos, encontraremos razões muito sensatas da Lei em suas punições.

– Mas onde está minha culpa se ele foi um perverso incendiário?

– Ele era um capitão dos seus exércitos, companheiro! E suas ordens sempre foram claras, taxativas e inflexíveis: ao fogo do inferno com os vencidos!

– Eu...

– Não diga nada para justificar-se, pois nada que disser irá justificar o que possa ter feito em outras encarnações, certo?

– Não adianta justificar-me?

– Não mesmo! Agora só resta a você curvar-se diante dos ditames da Lei, pois ela não quer o seu mal ou vê-lo como um mal, mas, sim, o seu bem e vê-lo como um bem. Compreende o que digo?

– Compreendo.

– O que sente ao abraçar essa criança?

– É como se tivesse deixado de existir um mal em meu íntimo.

– Isso se deve ao fato de você ter absorvido um dos monstros horrendos que um dia irradiou. Agora que ele adormeceu, sente-se bem ao abraçar um dos que foram alcançados por aquele seu monstro.

– Agora eu compreendo o que você queria dizer quando falava que estava absorvendo os seus monstros interiores.

– Acho que agora me entende, companheiro. O que sente ao ser abraçado por esta criança?
– Sinto prazer, ainda que esteja triste.
– Esse é o prazer que sempre tento explicar e não sou compreendido. Prazer é sinônimo de bem-estar ou de sentir satisfação. Logo, podemos obtê-lo em todos os sentidos e não só no sexual. Mas o grande problema é que quando falamos em prazer ou desejo, logo os associam aos sentidos do sexo. E isso não é verdade, pois a mais bela das mulheres não poderia proporcionar-lhe o bem-estar que agora sente, certo?
– Muito certo, irmão de verdade. E não diga que não posso chamá-lo de irmão, chanceler.
– Tudo bem, vou relevar pois sei que está muito emocionado. Mas assim que se reequilibrar, voltaremos a ser só companheiros, certo?

Ele ficou a olhar-me com o mais confuso dos olhares. E só compreendeu que eu brincava com o que dissera quando eu, com os olhos cheios de lágrimas da emoção que estava sentindo, abracei-o comovido e exclamei:
– Irmão, amado irmão!
Mais tarde, depois de muito conversarmos, falei:
– Agora que você recebeu a maior das lições da vida, é hora de ensiná-lo a se curar.
– Eu já não tenho certeza se quero ter de volta o meu sexo, chanceler.
– Mas quem disse que o terá de volta?
– Não o terei de volta?
– Não.
– Por que não?
– Como poderá ter de volta algo que nunca foi tirado de você?
– Como?
– O que ouviu, irmão. Você não viu o que eu lhe mostrei, mas viu que, se deixamos de ter um corpo carnal continuamos a ter o nosso corpo espiritual?
– Claro que vi. Eu já sabia disso!
– Também sabia que quando perdemos nosso corpo espiritual ainda nos resta um corpo original?
– Não sabia.
– Mas eu falei disso e mostrei-lhe ao levá-lo até nossos irmãos elementais.
– Era isso que queria me mostrar?
– Sim.
– Mas eu não consigo vê-lo, irmão! – lamentou-se ele.
– Se puder senti-lo, certamente poderá vê-lo.
– Senti-lo?

– Claro! E, para provar, solte seu filho e sente-se no solo. Depois, feche os olhos e sinta o fluir de suas próprias energias. Fazendo isso com calma e muita serenidade, logo começará a sentir esse fluir contínuo nos seus braços e sentirá elas serem irradiadas pelas suas mãos.

– Tal como fazem os curadores ao irradiarem sobre os sofredores?

– Não será tão forte pois, no caso deles, não se trata de um fluir mas sim de uma forte irradiação.

– Compreendo.

– Então, concentre-se!

Ele se concentrou e depois de um longo tempo em silêncio, murmurou:

– Eu as sinto, irmão.

– Ótimo. Então abra seus olhos e olhe para seus braços, mãos e dedos e tente ver a si próprio, mas um pouco mais além do seu corpo espiritual, certo?

– Assim farei.

– Eu sei que irá ver-se além do seu corpo espiritual.

Algum tempo depois ele sussurrou:

– Consigo me ver. É como se eu fosse feito de uma membrana muito fina e transparente. Mas quando tento fixá-la, ela some!

– No começo é assim mesmo. Continue treinando sua visão. Recomece quantas vezes for preciso até que consiga fechar os olhos vendo a si mesmo e, ao reabri-los, continue a se ver.

– Será que conseguirei?

– Querer é poder, irmão! Mas não queira ver por ver. Pense no bem-estar que um dia poderá proporcionar aos seus semelhantes se você dominar um dos mistérios da vida. Um campo imenso para a mais sábia, consciente e divina ação curadora se abrirá e lhe estará disponível, pois é a partir da semente original que curamos o corpo espiritual.

– Meu Deus, como não atinei com isso antes! Era isso que você me mostrava o tempo todo!

– Isso mesmo, irmão. Mas de forma velada, pois antes você precisava receber sua lição que esgotaria todo o acúmulo de energias negativas existente nos seus sentidos. Como essa descarga foi por meio dos olhos, então seu sentido da visão está muito apurado. Só precisará saber graduá-lo às suas necessidades.

– Onde aprendeu isso?

– Em outra oportunidade falaremos sobre isso, certo?

– Sim, pois o que preciso agora é graduar minha visão às minhas necessidades, não?

– Exatamente!

– Eu, enquanto falávamos, tentei ver a forma que existe por trás dessa minha aparência, e a vi, chanceler!

– Ainda sustenta o que viu?
– Sim.
– Então direcione sua visão para os seus pés.
Após fazê-lo, ele exclamou:
– Já os vejo.
– Ótimo. Agora feche os olhos e depois os abra lentamente.
– Continuo a me ver! – exclamou ele, muito feliz.
– Então olhe para o meu corpo e faça o mesmo, e depois alterne sua visão entre os seus pés e meu corpo.
– Isso já me é possível!
– Então vá acelerando as alternâncias que eu for dizendo, mas, sempre fechando e abrindo os olhos entre uma e outra visão, certo?
– Certo.
Eu, usando de um meio parecido com a hipnose levei-o a uma acelerada alternância visual e, em dado momento, sem que ele tivesse tempo para interromper, raciocinar ou interferir nas alternâncias, falei:
– Seu sexo, suas mãos, seus pés, seu sexo – e aí parei de falar e ele piscou várias vezes antes de exclamar:
– Eu o vejo!
– É claro que sim. Afinal, ele sempre esteve aí!
– É verdade!
– Isso que está vendo é sua forma original, irmão. É um "plasma" elemental que assumiu a forma do seu corpo espiritual e assim permanecerá até que domine seus sentidos, percepção e sensibilidade de tal forma, que consiga, com ordens mentais, alterar a forma do seu corpo espiritual.
– Isso é possível?
– É sim. Ou não sabe que os espíritos que caem e assumem aparências monstruosas só assumem aquelas aparências monstruosas porque seus mentais, sob a ação dos ditames da Lei, fazem com que se vejam monstruosos?
– Esse é o mistério?
– Sim.
– Como você chegou a ele?
– Um dia, quando minha visão estava muito aberta, vi um Guardião da Lei hipnotizar um espírito e fazê-lo se sentir uma cobra. E tudo ele fez com vibrações mentais. No princípio não entendi o que havia visto. Mas quando, mais tarde, eu vi uma irmã caída sofrendo muito e tentei ajudá-la, vi esse corpo elementar, mais sutil que o espiritual. Aí atuei sobre ele e a vi se refazer por inteira e em todos os seus sentidos espirituais.
– Compreendi. Só não sei como fazer isso por mim mesmo.
– Eu ensino-o.
– Estou pronto para aprender, irmão!

– Então feche os olhos e sinta o fluir de suas energias. Mas concentre-se tão profundamente que sua percepção capte seu fluir natural como se fosse um turbilhão energético, certo?

– Assim farei.

Pouco depois ele murmurou:

– Sinto-me todo irradiado. Mas quando concentro minha percepção no meu sexo, sinto que existe um bloqueio que a impede de fluir através dele.

– Mas você sabe que ele existe, certo?

– Eu o vejo, mesmo com os olhos fechados.

– Então, com os olhos fechados e sem alterar sua visão, leve suas mãos até ele e tente senti-lo. Mas faça isso bem devagar e com toda sua percepção apurada, pois o que impede o fluir de suas energias por meio desse seu sentido é o medo e a dor que sentiu quando teve esse seu sexo amputado.

– Compreendo.

– Eu sei que sim. Faça o que disse: sinta-o, irmão! E extraia prazer desse sentir, pois aí o medo será anulado e esse seu sentido será desbloqueado. Mas, caso obtenha um êxtase prazeroso enquanto se autoacariciar, não o interrompa, certo?

– Certo – murmurou ele, enquanto levava as mãos até seu sexo original. E mal o tocou, sentiu-o. E foi apalpando-o, mas bem lentamente. E tanto ele como eu vimos quando aquele órgão transparente foi se energizando de tal forma que adquiriu uma aparência espiritual pois as suas energias espirituais voltaram a fluir. O bloqueio do medo e da dor haviam sido rompidos!

– Estenda suas mãos com as palmas voltadas para o alto e, em vez de irradiar energias por elas, comece a absorvê-las, pois está envolto por um oceano energético invisível aos seus olhos.

– Eu posso fazer isso?

– É claro que pode. Ou algo o impede de fazê-lo?

– Nada me impede de fazê-lo, irmão.

– Então, se nada o impede, é porque você pode. E, se pode, por que não fazê-lo?

– Isso que acaba de dizer tanto se aplica a um bem ou a um mal, não?

– Isso mesmo. A lei nos faculta muitas coisas, mas, se as boas nos trazem prazer e satisfação, as más nos trazem dor e ilusão.

– É um sábio, chanceler!

– Sou só um aprendiz, irmão do meu coração. Agora, absorva energias até sentir-se bem. Tendo conseguido, cesse a absorção, senão ela se tornará um mal.

– Por quê?

– Ora! Tudo o que absorvemos em excesso se torna um mal.

– Quanta sabedoria!

– É só observação e constatação!
– É para isso que temos a visão, não?
– Isso mesmo. Foi observando os seres elementais puros ou originais que aprendi coisas maravilhosas.
– Já estou me sentindo muito bem. Como cesso a captação de energias?
– Vire as palmas das mãos para baixo que a interromperá. Depois leve as mãos e as espalme em seu peito. Mas cruzando os braços.
– Por que cruzá-los?
– Ao tocar com a palma direita no peito esquerdo, fechará um circuito em seu espírito. E a palma esquerda sobre o peito direito fecha outro. Aí as energias que captou passarão a circular em seu corpo, e não será irradiada senão quando quiser.
– Por que isso não é ensinado a todos?
– Poucos espíritos sabem disso.
– Verdade?
– Estou dizendo isso pois estive em um lugar que possui umas camas energéticas só para os espíritos se refazerem energeticamente. São camas muito agradáveis.
– Você chegou a usá-la?
– Sim.
– E ela o energizou?
– Não sei. Mas acho que não.
– Por que não?
– Eu não a usei com essa finalidade.
– Então, com que finalidade a usou?
– Ora, irmão!
– Desculpe-me, mas não entendi.
– Bem, se você não usa uma cama para se energizar, só poderá usá-la para despender suas energias com uma bela e atraente mulher, certo?
– Foi para isso que você usou uma das camas deles? Uma que eles usam para se energizarem?
– Bem, se nada me impedia, então eu podia, e se eu podia, e estava junto com uma mulher também sobrecarregada de energias, então por que não usá-la?
– Tenho muito o que aprender contigo, irmão chanceler.
– Aprenderá a partir do que já sabe, e verá que não existem mulheres feias. Se ela estiver no corpo carnal e vibrar bons sentimentos, certamente o seu corpo espiritual será lindo. E se estiver só em espírito e o seu corpo espiritual for feio, esse corpo original que agora pode ver sempre será lindo. Logo, não existem mulheres feias. Só mulheres incompreendidas,

pois quando as imperfeições de um dos corpos estão visíveis, por trás delas haverá um corpo perfeito.

– Então é por isso que você conseguiu resistir àquela belíssima irmã na Luz, mas não consegue resistir a uma irmã nas trevas!

– Não é bem assim. Enquanto ninguém deseja proporcionar prazer nas trevas, há uma porção de tolos desejando proporcioná-lo àquela irmã na Luz.

– Caso você lhe proporcionasse o prazer, seria odiado por todos eles, certo?

– Isso mesmo. Mas, por eu ter lhe negado o prazer, e eles descobriram que era por mim que ela vibrava o desejo, em vez de me odiarem, agora estão com pena dela por não ter conseguido conquistar quem ela tanto desejava.

– Como interpretar isso, irmão?

– Credite esse modo de ser dos seres humanos à hipocrisia.

– Não está sendo duro demais com eles?

– Eu, duro com eles? Nem um pouco, pois se eu fosse duro com eles, tê-los-ia chamado de canalhas e de idiotas.

– Por que os chamaria de canalhas e idiotas?

– Ora! Canalhas porque, enquanto a desejam e não têm coragem ou meios de proporcionar-lhe o que tanto ela queria, envolvem-na numa redoma de religiosidade que a torna intocável. E de idiotas por não perceberem que nunca terão a menor chance com ela.

– Por que não, se são tão elevados?

– Ora, irmão! Tenha paciência!

– Por quê?

– Bem, quer saber mesmo? Então eu digo: o que ela precisa é apenas de um "homem", pois de "santos" ela já está saturada de ter que aturá-los o tempo todo.

Ele me olhou estupefato, mas logo deu uma gargalhada e não foi só ele que riu, pois eu também ri muito da verdade que acabara de dizer. Depois acrescentei:

– Sim. Tanto isso é verdade que, no plano material, é muito comum ver uma moça muito bonita ser elogiada com os mais variados galanteios por moços bonitos. Mas no fim, um qualquer, e feio, acaba levando a mão... e o resto dela, pois em vez de ficar dizendo o que ela já sabe, oferece-lhe justamente o que ela mais deseja e precisa, por ter sido tão elogiada: uns bons momentos de prazer! É assim que vejo a vida e as coisas da vida, irmão! – continuei – Veja as coisas da vida pelo lado prático, racional e humano, e será visto pela vida como um ser prático, racional e humano, muito humano!

– Irmão, eu gostaria de ser como você.
– Algo o impede?
– Acho que não.
– Se nada o impede, então você pode, certo?
– Tentarei, está bem?
– Para mim está bem. Só espero que para você também venha a ser. Mas se não for, não me culpe por lhe ensinar errado, pois na verdade a culpa será toda sua por não ter aprendido certo.
– Sabe, eu sinto que tenho um débito imenso para com a lei de Deus. Mas você abriu minha visão e compreensão de forma tão positiva que eu desejo resgatá-lo não por uma questão de medo, de vergonha ou de remorso. Não! Eu saldarei meus débitos porque compreendi que o bem é chamado de bem porque ele traz em si tudo o que desejamos: paz, alegria, felicidade, prazer, bem-estar e... amor, muito amor! Obrigado! Que Deus o abençoe!
– É bom ouvir isso, irmão. Agora vou deixá-lo com seu filho, pois imagino que tenha umas coisas a dizer a esse espírito que se imagina uma criança indefesa.
– Para onde irá?
– Não sei. Mas quando caminhar um pouco, chegarei a algum lugar.
– Não o preocupa o estado daquela irmã doutrinadora?
– Eu deveria?
– Não teme que entre ela e você esteja começando um processo parecido com o que ocorreu entre mim e Mariana?
– Não creio que isso venha a ocorrer.
– Eu via que ela o observava a distância durante os trabalhos. E via tristeza nos olhos dela quando via você conversando com suas "companheiras".
– Paciência, irmão!
– Paciência?
– Claro, pois se eu não estiver enganado sobre a natureza humana, mais dia menos dia aqueles irmãos que me afastaram de perto dela virão até mim para implorar-me para que a console. Mas, se eu também não estiver enganado sobre eles, também saberão dissimular. E em vez de falarem abertamente, dirão que ela só deseja o meu bem.
– Você parece conhecê-los bem.
– Eu os conheço. E foi por isso que preferi vir ao inferno quando o que eu deveria ter feito era mandá-los para ele.
– Você quer dizer...
– Ouça, irmão: eles a desejam pois ela é muito bonita. Mas também a amam pois ela realiza um trabalho divino, que é o esclarecimento dos que buscam o caminho da Luz. Esse amor especial que sentem por ela os impede de abordá-la com suas vibrações de desejo, mas, também fará com eles algo muito interessante.

– O que esse amor fará com eles, chanceler da Lei?

– Irá despertar neles uma preocupação muito grande, pois ela pouco a pouco irá se apagar, e aquela encantadora luz que ela irradia desaparecerá e a verão cair numa acentuada depressão e terão seus sentimentos de desejo anulados. Então tentarão ajudá-la, não mais como a linda irmã "desejada", mas, sim, como a querida irmã amada.

– Tem certeza?

– Claro! Terão certeza de que ela não os deseja. Aí, querendo ajudá-la a se recuperar, tentarão uma reaproximação entre mim e ela, pois só assim a auxiliarão. Mas só farão isso porque terão certeza que, nesse sentido, nada conseguirão com ela.

– O que você fará quando isso acontecer?

– Após ouvir mil coisas sobre a vida e os seres humanos, pedirei um tempo para meditar.

– Por quê?

–Bom, assim darei tempo a eles para que orem a Deus para que eu deixe de ser tão inflexível às coisas da "luz e da vida" e me volte para ela. E quando isso acontecer, já não estarão me vendo como o inimigo comum a ser afastado, mas, sim, como o companheiro ideal para ela, pois ainda que eu seja um espírito pouco "evoluído", sou o amor da amada irmã deles. E ficarão felizes ao voltarem a vê-la feliz e radiante. Ah, também me abençoarão muitas vezes.

– Isso quer dizer que ela o terá no fim, certo?

– Claro, pois, com tantos espíritos iluminados desejando que eu a faça feliz, só se eu fosse o maior dos idiotas para não os ouvir.

– Se isso ocorrer, curvar-me-ei mais uma vez diante do seu saber, irmão chanceler! Mais uma vez verei algo tão sábio, e que funcionou com um espírito das trevas, funcionar com espíritos da Luz.

– Não se curve diante de um semelhante seu, irmão. Mas não deixe de se curvar diante da natureza humana, pois ela é sempre a mesma, tanto na luz como nas trevas. Apenas não vê isso quem não quer.

– Fale-me disso, irmão.

– Os seres humanos só se sentem humanos quando estão junto de seus semelhantes. E só tendo outros à sua volta um ser consegue ser reconhecido naquilo que ele tem de mais humano em si, que é sua capacidade de liderar, de sobressair, de influenciar, e de dominar. E se assim não fosse, o que explicaria a compulsão humana de ensinar ou de se fazer compreensível, mesmo entre os de mais baixos instintos?

– Como?

– É isso mesmo. Ou tem outra explicação para o fato de um ser monstruoso e demoníaco aceitar e até forçar a aproximação de seres que ele sabe serem tão ruins quanto ele? Ele sabe que suas companhias o obrigarão a dormir só com um dos olhos fechado, mas, ainda assim, não quer ficar só. Então eu digo: se assim é, é tanto nas trevas como na luz. Ainda que na luz os espíritos só aceitem como companhia aqueles que são merecedores de sua confiança, pois a atração dos sentidos se faz por meio do polo positivo ou virtuoso, enquanto nas trevas a aproximação se faz por meio do negativo ou viciado. Os meios são opostos, mas o princípio é um só, pois não pode haver princípios opostos, senão se anulariam. Entendeu?

– Sim, entendi. Observarei melhor a natureza humana.

– Ótimo, irmão. Até mais!

– Não ajudará àqueles irmãos caídos que estão esgotados energeticamente?

– É claro que não – respondi sério.

– Por que não?

– Ora, por que eu iria fazer uma coisa que não lhe sai da mente e que você gostaria muito de fazer!

– Mas eu não sei como.

– Mas pode aprender, e aperfeiçoar o que já aprendeu durante sua lição, certo?

– Mariana não deixará que eu faça algo por eles.

– Tem certeza? Não lhe ocorreu que talvez ela já tenha recebido a sua maior lição da vida?

– Mas ela ainda ocupa aquele trono das trevas!

– Foi para continuar a ocupá-lo que ela teve que receber tal lição, pois, sem ela, já teria sido destronada.

– Compreendo, chanceler... da Lei Maior!

– Talvez eu seja, talvez eu não seja. Mas, na dúvida, continuo a ser só um desinteressado chanceler da Vida. Até mais, irmão!

– Até! Onde o encontrarei?

– Sei lá. Por aí! E não se esqueça da pena da espada!

Bem, o fato é que aquele companheiro havia passado por uma transformação importante, e havia se habilitado a galgar os degraus da lei e da vida a partir dos seus monstros interiores, que dali em diante passaria a recolher e a anular continuamente. Aquele espírito nunca mais voltaria a dar trabalho à Lei. Dali em diante ele seria um servo leal, obediente e dedicado. O tempo mostraria as medidas desse novo servo dos princípios da Lei.

Quanto a mim, bem, caminhei um pouco e resolvi dar uma olhada no que acontecia no plano material. E fui até uma grande cidade, onde observei um pouco as pessoas. Quando me cansei de olhar transeuntes, andei até que vi uma biblioteca imponente. Entrei e dirigi-me até as estantes de livros. E, ao me fixar num livro, senti como se minha mente absorvesse o que havia nele. Eu absorvia o conteúdo dele!

Aquilo me interessou tanto que fechei os olhos e, concentrando-me, fui absorvendo livro a livro. E logo já estava fazendo isso a uma velocidade impressionante, e de olhos abertos! Eu olhava para um livro e o que estava escrito nele passava a ser conhecido por mim.

Três horas depois eu havia esgotado o conteúdo daquela biblioteca e nada mais havia ali para mim.

Eu já ia me retirando quando um senhor, que imediatamente identifiquei como o autor de vários dos livros ali absorvidos, abordou-me e perguntou:

– Salve, irmão! Nada daqui o agradou?

– Salve! Quem é o senhor?

– Só alguém que aprecia as letras.

– Deve ter um nome, não?

– Tenho sim. Eu me chamo... filósofo. É isso!

– Muito prazer, irmão sábio! Vejo que não aprecia a distinção honrosa que a humanidade lhe dedica.

– Às vezes me constrange dizer meu nome. Pode parecer presunção.

– Compreendo. Mas não se constranja, não. Seu legado à humanidade é uma dádiva divina, e muitos são os espíritos iluminados que buscaram em você iluminação, inspiração, direção e identificação.

– É bondade sua, irmão.

– Prefiro chamar de reconhecimento, irmão sábio. Vejo que encontrou algo muito interessante! – exclamei, apontando um livro na sua mão direita.

– Ah, sim, é muito interessante. Mas eu não o encontrei aqui. Isso vem de uma biblioteca astral. Quer dar uma olhada nele?

– Por que não? Se o agradou, certamente me encantará!

– Assim espero, irmão.

Eu folheei aquele livro e o absorvi normalmente. E quando terminei, devolvi-o e comentei:

– Muito interessante, irmão filósofo.

– Muitos outros, tão interessantes quanto este, poderá ter ao alcance dos teus olhos ávidos pelo saber, caso um dia resolva juntar-se à nossa fraternidade de "sacerdotes" universais, irmão.

– Talvez um dia o destino me conduza a ela. Ainda tenho uma longa caminhada pela frente.

– É, talvez isso um dia aconteça contigo.

– Então, até esse dia, irmão universal!

– Até ele, irmão caminhante!

Calmamente saí daquela biblioteca e caminhei mais uma vez sem rumo. Ao ver uma igreja, caminhei na direção da entrada, mas fui barrado na porta por dois espíritos vestidos à moda dos cruzados. Um deles me disse:

– Não pode entrar nesse templo, irmão.
– Chama-me de irmão?
– Claro, pois, segundo o que sei, é meu irmão!
– Que estranho. Sabe que sou seu irmão, mas não posso entrar nessa igreja. Que estranho, não?
– Eu... São minhas ordens, irmão.
– Não precisa justificar-se, companheiro. Eu o entendo. Mas que é estranho, isso é!
– Pretende renunciar às trevas e servir a Deus, irmão? – perguntou o outro guarda.
– Não foi isso que me ocorreu quando vi essa igreja, companheiro.
– Então, o que um servo das trevas iria fazer dentro de um recinto sagrado?
– Você deseja mesmo saber?
– Estou curioso.
– Bem, eu vi entrar um grupo de lindas moças, e queria vê-las mais de perto! – falei com deboche, e rindo.
– Ora, seu devasso! Suma-se ou sacarei minha espada e o atingirei com o seu fio cortante.
– Tudo bem. Não será por causa de algumas belas moças que vou querer perder minha "cabeça". Já estou indo, "irmão". Até nunca mais!
– Assim espero, servo da escuridão. Suma!

Bem, eu, altivamente, afastei-me. Mas com os sentidos alertas pois vi nos olhos daqueles guardas um imenso desejo de me fazerem sentir o fio cortante de suas lâminas afiadas.

Assim que dobrei a esquina, volitei e voltei ao plano espiritual. Outra hora eu retornaria ao plano material só para absorver o conteúdo dos livros guardados nas bibliotecas, pois aprendi muito com os que havia absorvido.

No astral me entreguei ao que mais me agradava: ser o "chanceler" dos meus companheiros das trevas. Eu atuava sempre no sentido de pacificar o meio sombrio em que viviam. E todas as portas se abriam para mim, que sempre era bem recebido por todos, e por "todas".

De certa forma, quem ainda não era amigo do chanceler, dele já ouvira falar, e com ele desejava conversar.

Bem, o caso é que eu sempre possuía um meio de agradar aos meus desagradáveis companheiros e de consolar minhas agradáveis companheiras.

Certa ocasião voltei a uma biblioteca, dessa vez num país europeu. E, mal entrei nela, encontrei aquele mesmo senhor que se apresentara como um filósofo grego de memória imortal.

– Como vai, filósofo, ou melhor, sacerdote universal!
– Bem, irmão caminhante. E você?
– Dando uma olhada nessa casa das letras para ver se encontro algum livro interessante.
– Compreendo.

Os olhos dele brilhavam de tanta curiosidade em relação a mim. Eu, para fugir do seu olhar penetrante, indiquei o livro embaixo do seu braço e perguntei:

– É o mesmo livro que mostrou-me em nosso encontro anterior?
– Este é outro, caminhante. Deseja dar uma olhada nele?
– Claro, pois interessante é a leitura de um filósofo. Permite-me?
– Fique com ele, irmão.
– Como?
– Tome-o. Agora ele é seu. Leia-o com atenção e talvez encontre coisas do seu interesse.
– Obrigado, filósofo!
– Bem, vou vasculhar essa biblioteca à procura de alguma leitura que me mantenha atualizado sobre os irmãos encarnados. Acompanha-me, caminhante?
– Dentro de uma biblioteca desse porte, e acompanhando um filósofo de sua envergadura, o que mais posso desejar?

Ele sorriu do que eu dissera, e adentrou a biblioteca.

Passei um bom tempo a observá-lo. Ele seguia com os olhos os livros à sua frente, e presumi que os absorvia, tal como eu fizera. Em dado momento minha atenção foi desviada para um grupo de espíritos que acompanhavam um jovem estudante encarnado. Mas meu interesse se deveu à presença de espíritos femininos muito atraentes, e iluminados, que acompanhavam o jovem, assim como à presença do maestro que eu havia conhecido durante o festival de sons e de melodias na morada divina onde eu conhecera Maria. Ele me viu e, após certa hesitação, saudou-me:

– Salve, irmão cristalino! O que ocorreu para ficar assim?
– Salve, maestro iluminado! O que faz aqui no meio material humano?
– Acompanho este irmão encarnado.
– Que bom! Certamente ele se tornará tão bom maestro quanto o senhor, pois a obra nunca é inferior ao autor.
– Renunciou aos princípios do irmão superior?
– Eu, em verdade, nunca os aceitei, irmão maestro. Apenas tentei corrigir-me diante de tantas gafes, cometidas em tão pouco tempo.
– Ainda me deve aquela palestra, irmão cristalino.
– É, eu devo sim! – exclamei, enquanto meus olhos se extasiavam com a beleza das iluminadas irmãs que o acompanhavam. – Mas... Com tão belas irmãs, não creio que queira ouvir-me, certo?

– Ah! Nem o apresentei a elas, que também têm que acompanhar este nosso irmão encarnado. Irmãs, este é o nosso irmão cristalino, um iniciado nos mistérios do reino elemental original aquático!

Elas me cumprimentaram discretamente, enquanto observavam minha estranha indumentária. Uma capa negra a cobrir minhas costas, uma espada templária e um laço pendurado no cabo dela.

Após me avaliar de alto a baixo, uma delas perguntou-me:

– Onde conseguiu esta veste tão estranha, irmão cristalino? Pois, se bem me recordo, não foi assim que o vi vestido quando esteve em nossa morada.

– Isso é certo. Eu apenas digo que o meio tanto forma o ser humano como o veste de acordo com suas regras.

– Mas essa é uma veste típica dos que vivem nas sombras.

– É sim. Ganhei-a de um irmão que, não tendo nada melhor a oferecer, deu-me sua capa.

– Não o incomoda se mostrar assim?

– Por que haveria, irmã?

– Ora, você está parcialmente nu, irmão cristalino!

– Se algum incômodo esta vestimenta sumária desperta, em mim é que não é, irmã.

– A mim ela incomoda, irmão cristalino.

– É. Vejo que a ausência de veste a incomoda, irmã. Mas digo-lhe que o incômodo não está em mim.

– Presumo que um certo exibicionismo faça parte dos seus sentimentos, irmão cristalino!

– Irmã, se assim for, não será meu exibicionismo que a estará incomodando. Talvez o que a incomode seja o que seus olhos veem, certo?

Eu, ao dizer isso com naturalidade, também sustentei o seu olhar até que, encabulada, ela pediu licença e se retirou dali. Dei de ombros e exclamei:

– Maestro, eu tenho uma espada que não deixo cair e nem a oculto. Mas e o senhor? O que tem feito com sua "batuta"?

– Não o entendi, irmão cristalino!

– Ora, maestro! Eu não ouço só o que os sons e as melodias dizem. Também ouço o que o silêncio e o vazio estão a dizer o tempo todo para quem tem ouvidos para ouvi-los.

– O que quer dizer com esse seu modo tão enigmático de falar, irmão cristalino?

– Nada, irmão maestro. Nada mesmo! Até a vista e boa sorte com sua obra, certo?

– Até a vista, irmão cristalino.

Afastei-me daquela ala da biblioteca e dediquei-me a absorver o conteúdo dos livros ali guardados. Em dado momento, fechei os olhos

e, concentrando-me totalmente, absorvi a todos de uma só vez. Quando abri meus olhos, à minha frente estava o filósofo, que me perguntou:
— O que faz, caminhante?
— Rememorando coisas passadas, sábio amigo.
— Quem são aqueles seus amigos?
— Conhecidos do passado. Só isso!
— Compreendo.
— Bem, já me vou, filósofo. Até outra biblioteca!
— Até, irmão cristalino!

Fiz de conta que não o ouvira chamar-me de irmão cristalino, e dali saí calmamente. Mas, já fora da biblioteca, desapareci no espaço, ainda que soubesse que aquele sábio estava me seguindo com seus olhos poderosos. Eu sentia que ele queria ou sabia algo a respeito de mim. Melhor aguardar ele se manifestar!

Fui parar em um aprazível lugar no plano material. Era um bosque que margeava um lago. E fiquei naquele lugar por muito tempo, pois me sentei na minha posição de meditação, tal como fazem os *yoguis*, e comecei a meditar tantos conhecimentos absorvidos. Quando "digeri" tudo o que vibrava em minha mente e organizei minha memória, dois filetes de lágrimas começaram a correr dos meus olhos.

Eu havia despido a capa e após estendê-la à minha esquerda, soltei a espada e a depositei em cima do laço. Ao meu lado, essas duas faces de minha natureza ali permaneceriam enquanto ali eu permanecesse.

Ainda corriam lágrimas dos meus olhos quando o filósofo surgiu na minha frente e também se assentou. Mas nada disse ou perguntou. Apenas limitou-se a contemplar-me com seus olhos, agora transparentes.

Algum tempo depois, comentei:
— Filósofo, como é grande o Autor da Grande Obra!
— Qual a razão dessa sua conclusão sobre Ele, caminhante?
— A razão dela é a grandeza da humanidade e do ser humano. Após absorver os conhecimentos acumulados em apenas duas bibliotecas do plano material "vi" o quanto a humanidade é grandiosa. E quanto é maravilhoso o ser humano que honra seu Criador com manifestações de criatividade em todos os sentidos.
— Sobre a grandeza do Autor da Obra, creio que você não tinha dúvidas, caminhante.
— É verdade. Mas eu precisava "Vê-lo", não a partir d'Ele, mas, sim, a partir da sua obra humana. E, se me era difícil a partir de seres isolados, consegui-o a partir de um conjunto de obras humanas separadas pelo tempo, espaço, culturas e religiões, mas ali reunidas em outra obra humana, que são as bibliotecas ou Casas do Conhecimento. Então, vislumbrei a grandiosidade

do Criador e a grandeza da Sua Criação. O ser humano nada mais tem tentado fazer do que manifestar as qualidades do seu Autor Divino.

– Isso é uma verdade, caminhante. O ser humano, se visto isoladamente, não é um ser muito interessante para estudar, pois está limitado em si mesmo. Mas, quanto à humanidade, é fascinante estudá-la, entendê-la e compreender seu gênio criador. E, se grandiosa é a obra, assim ela é porque traz em si a grandeza do Seu Autor. Eu lhe digo que comungo contigo do princípio de que a obra não é mais importante ou maior do que o autor, pois muitas são as obras de um autor, enquanto um autor é único e criou todas as suas obras.

– Eu sei que não estou errado, filósofo.

– Você nunca errou, caminhante. Apenas, em certos trechos do seu caminho, tomou atalhos não aceitáveis por aqueles que não têm olhos para ver. Tal como nessa sua atual caminhada, poucos têm olhos para vê-lo e, ainda assim, sem compreendê-lo.

– De fato! Eu sinto que não estou sendo compreendido. Eles não percebem que o que eu vejo, sinto e toco é a obra viva do Divino Autor. Eles não têm olhos para se verem como obras divinas e com isso não percebem a grandeza que trazem em si. Ainda que eu tente fazê-los compreender que, por serem obras de um Autor Divino, são obras divinas. Então, em vez de se verem como grandiosas criações, só procuram ver-me como uma obra limitada a um dos meus sentidos. Eu não me sinto culpado por, num piscar de olhos, ver o quanto eles são limitados num sentido em que sinto manifestar a exuberância geradora do meu Criador. Onde está a falha se, nesse sentido, em mim tudo flui tão naturalmente?

– A falha não está em você, caminhante. O que você disse àquela irmã foi a coisa mais acertada que já ouvi de um ser humano. E lhe digo mais. Se o ser humano se oculta atrás de suas vestes, nada mais faz que ocultar suas deficiências, sejam elas de que natureza forem. Mas, com isso, também ocultam suas autossuficiências.

– Mas é muito difícil se fazer compreender a partir dessa forma de "ver" a criação, filósofo!

– Eu sei o quanto é difícil, caminhante. Mas é assim que temos de ser. E devemos compreender que, se assim é, é porque assim é o ser humano que, em vez de mostrar-se naturalmente, sempre procura ocultar-se para não mostrar suas deficiências. Mas não se atormente com isso não, pois poucos são os conhecedores disso e muitos são os que apregoam a conduta mais difícil como sendo a mais correta.

– O senhor conhece aquele irmão maestro?

– Sim.

– Eu devia ter dito de uma forma clara que se aquela irmã for libertada do desejo que a incomoda, ela manifestará seu dom do som melódico e harmônico de uma forma divina.

– Ele viu essa deficiência nela?

– Não.

– Então não será ele que irá proporcionar a ela os meios de anular essa deficiência e dotá-la de recursos abundantes onde hoje são escassos ou estão ausentes.

– Com isso...

– Só quem localiza uma deficiência a conhece como ninguém mais, e está apto a transformá-la em uma autossuficiência exuberante. Senão, vejamos: você viveu sua última encarnação em um país dotado de muitos recursos hídricos, certo?

– Isso mesmo. E tanto é verdade que a maior bacia hidrográfica do planeta se localiza nele.

– Mas, o que ela tem de superior a outras, se tão poucos vivem nela e dela?

– É. A população na Amazônia é escassa!

– O que aconteceria se aquela região fosse ocupada por milhões de habitantes?

– Creio que ela se esgotaria rapidamente e se tornaria algo parecido com um deserto.

– Então a exuberância daquela bacia hidrográfica é muito pequena se comparada com o tamanho dela, certo?

– Sob essa nova visão, é verdade o que afirma.

– Então volte seus "olhos" a um rio muito menos grandioso, mas de uma grandiosidade ímpar.

– O rio Nilo, filósofo?

– Não precisa desviar seus olhos do país em que viveu, caminhante.

– É verdade. Há um rio chamado de São Francisco, e que corta vários estados nordestinos. É uma região semiárida.

– Eu a conheço, caminhante.

– Imagino que sim, filósofo.

– Eu, quando pouso meus olhos no curso daquele rio, vejo o quanto ele é exuberante, caminhante. Naquela região não existem florestas exuberantes nem chuvas diárias. O solo é pobre em minerais, e há outras deficiências climáticas ao longo do curso dele, certo?

– Isso é verdade.

– Mas milhões de seres vivem naquela região em função da existência daquele rio, certo?

– Certíssimo. Há séculos ele é a fonte da vida naquela região, e por outros tantos continuará a ser.

– Então, ainda que seja um rio aparentemente menor do que o outro da Amazônia, no entanto é muito mais exuberante para a espécie humana, não?
– É sim.
– Pois é isso, caminhante! Num solo árido e numa região miserável, ele é fonte de vida, sustentador da vida, e propagador de vida. A exuberância dele não está na região onde ele passa, mas, sim, em seu próprio curso e caudal d'água. Já o outro deve sua exuberância à região a que pertence, pois, se ela sofrer uma transformação intensa, logo existirá outro deserto do Saara.
– Tem razão.
– Eu sei que tenho. E aplico esse exemplo da natureza terrestre para estudar, entender e compreender as religiões dos nossos irmãos encarnados ou a eles próprios.
– Tem razão. Certas religiões são exuberantes devido ao meio em que se propagam, pois, num meio adverso, reduzir-se-iam a minúsculas seitas.
– Isso mesmo, caminhante. Logo, seja um "São Francisco" e siga vivificando solos áridos, pois a sua exuberância está em você mesmo. Mas lhe digo que se um dia assentar o seu curso e o seu leito numa região igual à Amazônica, será reduzido à insignificância dos pântanos da Hiléa.
– Compreendi, filósofo. Tenho procurado um leito para assentar meu curso, mas só o encontro nas regiões áridas, onde fluo naturalmente.
– Seja sempre um São Francisco, caminhante!
– Qual deles, se agora vejo que os dois são muito semelhantes, e muito inspirado estava quem deu o nome de São Francisco àquele rio?
– Seja parecido com os dois, ou com um ou com outro segundo as necessidades da região onde seguir o leito do seu curso. Com o passar dos séculos, todos conhecerão o leito do seu curso, e dele se aproximarão para aplacarem suas sedes e saciarem suas fomes. Mas tem de mostrar seu curso e fazer com que todos acreditem que é um curso estável e que não muda ao sabor das inconstâncias climáticas.
– Compreendo, e comprovo mais uma vez que o autor não é menos importante que sua obra.
– Sabe, caminhante, tudo tem um princípio, um meio e um fim!
– Sim.
– E, se longo for o curso da água vertida por uma fonte, longo será seu alcance no tempo e no espaço.
– Sim, isso é verdade.
– Mas, para ele ser longo, exuberante terá que ser a sua fonte!
– É verdade.
– Exuberantes são as fontes que, ao jorrarem, deram origem ao Judaísmo, ao Cristianismo, ao Islamismo, ao Budismo, ao Bramanismo, etc.

Essas fontes originaram rios de longo curso que fluíram naturalmente e assentaram seus leitos em regiões áridas ou semiáridas. E, enquanto correrem nesses meios, serão um Rio São Francisco. Mas quando correram ou correrem em meios exuberantes, aí serão só rios Amazonas. Quanto a seres como nós, sempre seremos afluentes daqueles que há pouco citei.

– Ou até de outros que não citou, não é mesmo, filósofo?

– Isso mesmo, caminhante. Às vezes somos afluentes caudalosos, e outras, nem tanto. Mas afluentes deles sempre seremos. E isso é o que nos interessa saber.

– Por quê?

– Ora, o Criador sabe que não importa o rumo que tomemos, pois em algum dos seus rios da vida iremos desembocar e nele derramar toda a água que flui por nosso leito natural e que engrossou o nosso curso. Algumas dessas águas que correm por nosso curso natural e nosso leito estabelecido são de chuvas esporádicas. Outras são de lagoas estanques que surgiram à nossa frente mas que nelas nos derramamos, revolvemo-nas, tornamo-nas salubres e, sem outra alternativa, elas seguiram adiante conosco, até alcançarem um desses rios de longo curso no tempo e espaço.

– Filósofo, reverencio-o pelo uso da geografia e da hidrografia para abordar os seres humanos, a natureza humana e os cursos divinos que devemos seguir ou tentar alcançar.

– Caminhante, não esqueça também dos rios caudalosos que correm paralelos, como se namorassem o tempo todo, mas sem nunca se tocarem, pois, se isso acontecesse, iriam se anular, já que, a um terceiro, já descaracterizado, dariam lugar ou o formariam, certo?

– Isso explica o tão famoso amor platônico, filósofo?

– Sim, explica. Existem seres humanos que são caudalosos, exuberantes e muito vivificantes, mas só se seguirem seus cursos naturais e estiverem assentados em seus leitos, também naturais. Com esses rios não podemos juntar nossas águas pois transbordarão e afogarão quem estiver vivendo ou sobrevivendo neles.

– É o caso do irmão superior, não?

– É sim. Caso você adicionasse suas águas, ao leito dele, todos naquela morada se afogariam, pois iriam inundar tudo por lá.

– Então esse contato que tive com ele não foi positivo.

– É claro que foi. Os que viviam à margem dele ainda continuam no mesmo lugar. Mas o maestro ter descido das alturas e se dignado a acompanhar um espírito encarnado muito inspirado já é um sinal de que o sabor e a coloração das águas do rio do irmão superior sofreram uma melhora significativa. O maestro deixou de viver no conforto das obras e se transformou num obreiro. Se antes ele se inspirava em muitas

fontes, e ficava extasiado, agora está se transformando em uma fonte de inspiração que a muitos extasiará.
– Então o contato às vezes é benéfico.
– É sim, caminhante. Observe que as águas que correm no seu leito são, energeticamente falando, muito poderosas pois, a um leve contato com outros cursos de água, alteram tanto a cor como o sabor delas, assim como às vezes as aceleram em seus leitos, fazendo com que fluam mais rapidamente. E há também o caso daqueles cursos d'água que são insalubres, mas que, sendo tocados pelas suas, tornam-se saborosas.
– É, acho que é isso mesmo. Todos os que souberem colhê-las, só colherão águas que são verdadeiros néctares.
– Onde estão suas falhas, caminhante? Nos que o veem, ou em você mesmo?
– Em mim mesmo, filósofo.
– Isso é bom de ouvir, caminhante.
– É, sim, filósofo.
– Então, o que faz à beira desse lago que, se é lindo, apenas serve como um ponto de referência, uma vez que nunca será um longo curso d'água a ser seguido pelos que estão à procura de suas desembocaduras pessoais?
– Estou tentando encontrar um outro sentido que me permita uma descarga do imenso acúmulo de águas que minhas fontes geram continuamente.
– O anterior não o agradou, ou não o agrada mais?
– Não é isso, filósofo.
– Então não anule uma fonte de águas tão fecundas, caminhante. Elas não são menos necessárias do que as outras energias que suas fontes interiores estão a gerar. E tem mais, pois essa sua fonte, que em você flui tão naturalmente e o torna um atraente e desejável São Francisco, em quase todos os seres humanos não são mais que lagos estagnados e nos quais eles estão submersos, pois não souberam deixar fluir naturalmente as "águas" geradas a partir de suas próprias fontes. O que eles podem passar-lhe de positivo nesse sentido se nem a si mesmos eles compreendem?
– Tem razão. Se eu der ouvidos a eles, logo estarei submerso nas minhas próprias "águas". Se eu tivesse tido um mestre como o senhor em minha última encarnação, não teria liberado tantos monstros.
– Caminhante, um ser humano só se mostra humano quando libera seus monstros interiores e, depois de ver as suas faces desumanas, transforma-as em faces muito humanas e as absorve, preenchendo o vazio existencial criado a partir da liberação deles do seu íntimo. O espaço ocupado pelos nossos monstros só deixará de ser um vazio existencial caso o ocupemos com nossos anjos interiores!

– É o que tenho tentado fazer, mas tenho esbarrado nas faces humanas.
– Sabe a razão disso?
– Não. E aí reside meu tormento, filósofo.
– Falta você colorir essas faces humanas com uma coloração divina. Faça isso e a partir daí só verá faces divinas que, por serem humanas, serão angelicais aos seus olhos.
– Tivesse eu tido...
– Caminhante, se você tivesse tido um mestre como eu, hoje não teria essa sua face humana, pois eu certamente a teria descaracterizado das coisas que mais o humanizam, e as teria substituído pelas que me humanizaram. Você sabe quem um dia me ensinou isso?
– Não.
– Foi alguém chamado Sócrates, caminhante! E ele não deixou nada escrito que pudesse ser revisto pela posterioridade, que certamente iria deturpar sua obra, tal como muitos fizeram com a minha. Lembra-se de Sócrates, caminhante?

Após meditar um pouco respondi:
– Sim, recordo-me dele, filósofo.
– Pois lhe digo que se eu não tivesse tido um mestre como ele, ainda hoje eu não seria o que fui, sou e sempre serei: um ser humano que procura se humanizar em todos os sentidos. E lhe digo, com conhecimento de causa, que dentro dessa linha do conhecimento, que é o pensamento, jamais existiu outro tão humano, humanista e humanizador quanto Sócrates. Se ele não recuou de suas posições, isso se deveu ao seu grande senso de humanidade. Ele raciocinou e concluiu que o que os que o perseguiam queriam não era a sua morte, mas, sim, a do humanismo ensinado por ele ao ar livre... E livremente. O que "eles" queriam era aprisionar o humanismo dele em uma cátedra, fechada hermeticamente, como já haviam feito na Pérsia e no Egito. E nesse ponto ele foi superior ao próprio tempo em que viveu, pois viu que da sua morte dependia a sobrevivência do humanismo, acessível a todos os que desejassem humanizar-se. Ele precedeu o Cristianismo em três séculos, mas poucos conseguiram ver nele uma das fontes que fecundou os primeiros cristãos. Isso você não encontrará escrito em nenhum dos livros que absorver nas bibliotecas existentes no plano material. Nenhum cristão admitirá que o Cristianismo se inspirou no liberalismo dos "idólatras" gregos, e muito menos no humanismo introduzido por Sócrates no pensamento dos filósofos gregos. Mas nenhuma outra religião adotou tanto a idolatria quanto o Cristianismo, e também nenhuma outra deu tantas oportunidades ao pensamento filosófico grego, como ele deu, caminhante! Quando estudar o Cristianismo, não se deixe influenciar pelos seus detratores, pois dissimulavam

seus objetivos escusos com acusações fundamentadas na idolatria ou no liberalismo dos pensadores cristãos. O que desejaram foi ocultar suas próprias deficiências, caminhante! Os rios que os irrigavam eram muito parcos da abundância das águas da vida, e por isso valorizavam muito mais a aridez em que viviam do que a exuberância existente no rio onde os cristãos saciavam sua sede de liberdade de pensamento e de criação. É por causa da exuberância desse rio cristão que o Cristianismo é uma religião de muitos povos, enquanto...

– Eu já havia observado isso ainda no tempo em que vivia no corpo carnal, filósofo.

– Acredito que sim. Senão você não seria o que é atualmente, caminhante.

– Em se tratando de religião, a abordagem delas torna-se difícil se não conhecermos o pensamento que predomina em cada uma, filósofo.

– Com isso conseguido, descobrimos que todas são benéficas aos seres humanos e os conduzem às desembocaduras que os lançam no grande leito por onde fluem naturalmente as águas do Senhor da Grande Criação, que é a natureza divina de Deus.

– Tem razão, filósofo. Não existem religiões ruins. O que há, às vezes, são péssimos religiosos.

– Então aperfeiçoe-se até que um dia alcance o grau de sacerdote universal, irmão caminhante!

– Procurarei aperfeiçoar-me, irmão universal.

– Até outro contato, irmão cristalino.

– Até.

Bem, o fato é que o filósofo havia conseguido de mim o que queria, pois logo me levantei e fui ter com o meu companheiro rei ou meu chefe na guarda do centro espírita.

Foi lá na porta de entrada que o encontrei. Ele estava acompanhado do filho, muito feliz.

Mas notei nele tristeza e preocupação.

– Qual é a razão de tanta preocupação, irmão de jornada?

– Penso muito e não encontro um meio de fazer algo para aqueles espíritos caídos, chanceler.

– E a sua tristeza, do que provém?

– Lembra-se da doutrinadora?

– Como esquecê-la, se de mim ela não se esquece?

– Por isso mesmo, chanceler. Suas palavras abriram uma chaga muito antiga que ela ocultava. E toda a sua luz se esvaiu por aquela chaga, nem suspeitada por tantos que passaram pela vida dela.

– O que os irmãos de luz fizeram para ajudá-la?

— Afastaram-na da doutrinação, pois acharam que ela não tinha condições de continuar a doutrinar espíritos recém-despertos para a Luz.

— Quanto a você, o que fez por ela?

— Muito pouco, por causa da "pena da espada". Eu não podia dizer a ela que você não é o ser insensível que ela acredita que é. É difícil, irmão chanceler!

— Nada é fácil, irmão rei. Mas nada é impossível, certo?

— Para mim, tudo parece tão difícil!

— Compreendo. Ainda falta um curso para desaguar tudo o que se acumulou e está represado em seu íntimo. Aceita minha ajuda, irmão amado?

— Por Deus! Eu, um caído, orei pelo seu retorno à minha vida, pois ao seu lado me sinto confortado!

— Onde está sua irmã Rosa Maria?

— Como sabe que ela é minha irmã?

— Isso não é importante, Carlos.

— Até meu nome você sabe!

— Sei de tantas coisas!

— Então ensine-nos, irmão — pediu alguém às minhas costas. — Virei-me e vi Rosa, a irmã doutrinadora. Ela agora se mostrava triste e sombria. Após a observar por algum tempo no mais absoluto silêncio, perguntei:

— Ainda se lembra do que eu disse sobre quedas, irmã?

— Sim, irmão. Quando eu mais precisei de amparo, as mãos que me apontavam como um exemplo a ser seguido começaram a me apontar com um a ser evitado.

— Sabe por que isso acontece, irmã?

— Tento entender, mas não consigo.

— Pois digo que é porque você deixou de ser uma fonte que alimentava naqueles irmãos o ideal feminino que eles desejavam ver em você. Mas, quando o ideal desmoronou por causa do desejo que sentia por mim, eles se sentiram traídos por você e a abandonaram. Eles não a tinham realmente na conta de uma doutrinadora compenetrada e eficiente!

— Como eles me viam, irmão?

— Como o ideal de companheira: fiel, inteligente, agradável e encantadora aos seus olhos. Mas era só isso, irmã amada! Tudo o mais que deles lhe chegava nada mais era do que dissimulação de desejos não revelados ou não assumidos.

— Parece-me que entende muito sobre o que me diz, irmão.

— É, acho que entendo sim. E, por entender, compreendo-a e a eles, e a ninguém condeno ou censuro. Apenas exijo que me compreendam também.

– Irmão, peço o seu perdão, pois eu, além de querer auxiliá-lo por meio da doutrinação, também sentia uma atração irresistível que a todo momento me lembrava de sua desenvoltura e exuberância num sentido que sou tão deficiente. Conheço tão pouco sobre o sexo e, ainda assim, de forma negativa!

– Acredito que assim acontece contigo, irmã. Mas sinto muito vê-la fraquejar tanto por não ter sido compreendida por seus companheiros de doutrina. Não tem que aceitar as censuras deles como uma fraqueza sua. O que ocorre é só uma incompreensão da natureza humana. Nada mais!

– O seu modo de analisar a natureza humana parece remover tantos tabus, irmão...

– Chanceler, irmã Rosa Maria! É assim que sou mais conhecido, e também aprecio ser chamado.

– Era você quem nos enviava aqueles irmãos e irmãs desejosos de trilharem a senda da Luz?

– Sim, era eu, irmã que muito admiro pelo divino trabalho que realiza.

– Foram tantos!

– Ainda são tantos os que esperam pelo dia em que poderão receber a graça dos seus ensinamentos, irmã do meu coração. Mas eu apreciaria muito mais se eles aprendessem uma doutrina que os ensinasse a se compreender como realmente são, em vez de vê-los envoltos por névoas sombrias que ocultam suas deficiências. Por que não os ensinar a partir delas, se só assim realmente se tornarão autossuficientes o bastante para um dia poderem auxiliar outros irmãos deficientes?

– Você conhece a nossa doutrina, irmão chanceler?

– Sim. Mas se a louvo pelo bem imenso que realiza em benefício do todo, não aprovo o modo como "olham" as sombras, irmã.

– Você parece ter uma queda grande pelas sombras, irmão chanceler.

– Prefiro acreditar que amo meus semelhantes que, nas sombras, ocultam suas deficiências que os impedem de viver na Luz. E, na medida do possível, e dentro dos meus limites, procuro mostrar-lhe que possuem duas vias de evolução. Uma é positiva e outra é negativa. Sempre lhes mostro que, quando se esgotaram em uma, é porque na outra estão deficientes.

– Então bastará seguir a outra via, irmão?

– Não é bem assim, irmã. O que terá que fazer é descobrir onde estão ocultos seus monstros interiores e transformá-los em sentimentos nobres. Daí em diante, tudo fluirá naturalmente.

– Não me parece difícil, irmão chanceler.

– Pois lhe digo que não é fácil.

– Por que não?

— Bem, sua doutrina impõe como meio de evolução o sufocar dos desejos e a dissimulação da ignorância de cada um que a ela adere, pois um novo saber irá absorver. Mas se esquece de que o conhecimento anterior não pode ser simplesmente anulado. Não. Ele precisa ser arejado, depurado e purificado, pois ele será o alicerce oculto do novo edifício de novos conhecimentos, que irá construir a partir do que conseguir assimilar com os ensinamentos da sua doutrina. Um espírito que evoluir, com isso feito por ele, transformar-se-á em um ser que suportará as adversidades dos mais difíceis acontecimentos, e sempre extrairá uma lição positiva que se agregará à grande lição da vida, que é o viver em harmonia num meio tão sujeito a desequilíbrios, como é o meio humano.

Então calei-me e fiquei a observá-la. E vi aqueles olhos me contemplarem por trás de uma densa lacrimosidade. Estendi o braço e a convidei:

— Vamos caminhar um pouco, irmã?

— Caminhar na noite não o intimida, irmão chanceler?

— Não, pois é na noite que vejo o quanto é belo o dia. E lhe digo que viver na Luz o tempo todo nos tolda a visão e nos impede de descobrir coisas que só podemos vislumbrar a partir das sombras.

— Bem, ao seu lado sinto que nada tenho a temer da noite.

— É claro, pois o maior perigo está em nossos monstros interiores irradiados por nós e ainda não recolhidos. Mas não tema pois quando um dos seus se mostrar, ajudá-la-ei a transformá-lo em um sentimento positivo, está bem?

— Se antes eu o desejava, agora tento entender o seu modo de ser, irmão chanceler.

— Já não me deseja mais?

— Bem... Eu... Acho que... Sim, é claro, oras!

— Ainda bem, pois agora a desejo muito mais do que antes. A névoa escura que encobria seus desejos evaporou, e agora vejo melhor o que ela ocultava.

— O que estava oculto, irmão chanceler?

— Algo muito diferente do que imagina.

— Eu imagino que trago algo parecido com uma chaga.

— Pois lhe digo que o que vejo nada mais é do que uma grande insatisfação, irmã amada. Na procura da satisfação não foi bem sucedida e seus mais íntimos desejos ficaram a irradiar monstros que não quis ver de frente. Então encobriu-os com os ensinamentos contidos na doutrina que adotou como via de evolução, mas, que, na verdade, foi só um meio para tentar sufocar seus monstros interiores.

— Mas não consegui, certo?

— Isso mesmo, pois eles teimam em retornar à fonte que os irradiou. Lembra-se do ditado que diz assim: o bom filho à casa torna?

— Sim.

— Pois lhe digo que o mau filho não só também retorna, como, em verdade, dela nunca saiu.

— O que temos que fazer para não sermos incomodados pelos maus filhos, irmão chanceler?

— Extrair deles o bem que trazem em si mesmos, pois um mal absoluto não é humano. Só o mal relativo pode estar contido temporariamente no íntimo de um ser humano, irmã!

Nós, enquanto caminhávamos, íamos conversando, e nem notamos que adentraríamos uma zona de meretrício do plano material.

Bem, ela não havia notado!

E quando parei e observei espíritos em simbiose com encarnados, percebi que Rosa Maria alterara sua vibração. Eu sabia que ali estava um dos seus monstros interiores que a doutrina havia sufocado no seu íntimo sem antes transformá-lo num sentimento positivo.

A visão de espíritos em abertas relações sexuais a incomodou tanto que tive que ampará-la energeticamente. Rosa Maria, quando vivera no plano carnal, costumava ir aos prostíbulos só para se entregar à devassidão, pois só assim obtinha um prazer viciado. E quando desencarnou, sofreu muito por causa dessa viciação dos seus sentidos.

Se alguém a ajudou a se encaminhar para a Luz, no entanto não proporcionou a ela o que ela realmente nunca havia obtido: satisfação e prazer. Mas não a do sexo, e sim a dos sentidos, já totalmente bloqueados por sentimentos negativos.

Ela, se evoluíra em muitos outros sentidos, usava dessa evolução para dissimular um imenso retrocesso acontecido em sua sexualidade. Então perguntei:

— O que a assusta tanto, irmã amada?

— Acho que já sabe o que tanto me incomoda, não?

— O que importa é o que a incomoda. É aí que está seu monstro, irradiado há muito tempo, irmã! Não tema seu monstro pois ele não resiste à luz da razão e do conhecimento!

— Eu me debato entre dois sentimentos antagônicos, irmão chanceler. Estou agoniada!

— Eu compreendo. Enquanto um sentimento condena o que fazem nossos irmãos e irmãs encarnados ou em espírito, o outro a faz recordar que era em um local como este que obtinha um arremedo de prazer. Mas lhe digo que, se não compreender o seu íntimo, assim reagirá toda vez que vir algo parecido.

— Como chegar ao meu íntimo, se um sentimento dual me bloqueia desde que, escondida, assisti a uma relação entre meus pais?

Era um sentimento incompreensível, pois, enquanto parte de mim vibrava com os seus gemidos lascivos, outra me condenava, pois o que eu sentia era pecado. Como chegar à satisfação se a minha primeira experiência com um homem me mostrou que eu continuava dividida entre o desejo e o pecado, pois era um incesto que eu cometia, e prazer algum eu senti?

– Continue, irmã amada. Finalmente seu monstro interior está se mostrando aos seus olhos.

– Como entender o que meu pai fez comigo ao descobrir que eu, às escondidas, assistia suas relações com minha mãe? Se, em vez de sentir prazer, só senti uma dor lancinante e anuladora de meus desejos?

– Foi durante o tempo em que espionava seus pais que sua mente, ainda infantil, criou no seu íntimo uma noção de prazer que a tem incomodado até agora. Mas o que nunca deixou de incomodá-la foi a frieza dos atos a que se entregou posteriormente, na ânsia de superar a ausência de prazer, que foi sua primeira e incestuosa experiência sexual. Já naquele época sua sexualidade estava viciada pois se acostumara a sentir prazer a partir do prazer alheio. E a sentir culpa, também a partir do seu próprio prazer.

Em função de sentimentos contraditórios e antagônicos, seus sentidos do prazer foram anulados e você jamais obteve satisfação.

– Anular meus desejos foi minha única alternativa, chanceler.

– Outra havia, irmã.

– Qual?

– Compreender o que havia acontecido contigo era o mais correto a ser feito.

– Como?

– Desviando seus olhos das relações alheias e ativando sua adormecida sensibilidade feminina.

– Como consegui-lo?

– Com a ajuda daqueles irmãos que a apontavam como um exemplo a ser seguido. Ou não é verdade que eles tentaram, sutilmente, aproximar-se de você nesse sentido?

– Sim, eles tentaram. Mas eu recusei, pois temia sofrer uma queda após ter evoluído tanto.

– Foi uma falsa evolução, irmã!

– É, foi sim. Vejo-me como as vítimas daquelas mulheres que, por não possuírem uma beleza marcante, passam a vigiar as que são belas. E basta uma mulher bela sorrir que já se põem a lançar lama na honra delas.

– É isso mesmo. Eles, nas suas friezas em um sentido que proporciona prazer, não sentem prazer em todos os outros sentidos, pois para eles são falsas as atitudes delas. Mas a insatisfação delas originou-se das suas deficiências, quando, se procurassem em si mesmas, encontrariam muitas razões para serem felizes, senão em todos, pelo menos em alguns sentidos.

– Parece tão fácil, irmão chanceler.

– Mas não é. Vamos sair daqui, pois quero lhe mostrar outros irmãos e irmãs nossos que levaram suas insatisfações até seus limites humanos, e tendo-os alcançado, ultrapassaram-nos desumanizando-se e bestificando-se.

Bem, o fato é que a levei até regiões sombrias onde viviam seres humanos que haviam se bestializado, na ânsia de alcançarem a satisfação sexual.

Ela ficou estarrecida com o que viu e assistiu e só suportou tudo porque eu a sustentava mentalmente.

Depois a levei a locais onde viviam espíritos que haviam se esgotado energeticamente devido à mesma insaciabilidade sexual, para só então reconduzi-la ao plano material, onde a reequilibrei energeticamente para que meditasse já com uma visão mais ampla da sexualidade desvirtuada.

Quando mencionei que iria me retirar para que meditasse um pouco, vi nos seus olhos a mesma agonia que um dia eu vira nos olhos de outras irmãs. Então, tomei as mãos dela e a puxei para junto do meu corpo. Esse contato superficial de nossas energias fê-la criar coragem e dizer-me:

– Eu só quero um pouco de prazer, chanceler.
– Isso não é difícil, Rosa Maria.
– Como obtê-lo?
– Revelando-se a si mesma.
– Minha vontade é despi-lo todo, assim como a mim mesma e poder sentir nossos corpos unidos.
– Por que não faz isso, se nada a impede?
– Posso?
– Claro que pode!

Bem, não vou ficar revelando certas intimidades com quem até hoje me relaciono. Mas o fato é que a partir do que ela havia visto, havia recuperado sua sensibilidade, pois vira que seus desejos e culpas não eram tão incomuns quanto imaginava, e que, por causa da elevação em outros sentidos, agora só precisava de alguém que a entendesse e a compreendesse. E, ao primeiro contato íntimo, primeiro ela chorou muito, para algum tempo depois perguntar:

– Por que você parou?
– Eu só espero que primeiro lave sua visão turvada pelo prazer alheio, pois só depois disso feito verá que é tão sensível, mas, tão sensível, que só um toque mais íntimo lhe proporcionará tanto prazer que não se imaginava capaz de obtê-lo.

– Eu sou capaz disso?

– Não sente o seu latejar íntimo? Ele está se acelerando, minha amada!

– Sou sua amada?

– Se não fosse, em seus braços eu não estaria.

– Eu tanto desejo-o como amo-o.

– Isso é maravilhoso, pois são dois sentimentos que, se vibrados ao mesmo tempo, tornam-nos sensíveis, muito sensíveis!

– Minha sensibilidade está tão intensa que sinto que possuo um vazio à espera de que o ocupe!

– Bom, como imagino que nada me impede de ocupar esse seu vazio, então sigo meus instintos e o ocupo.

Bem, o fato é que ficamos naquele lugar aprazível à beira de um lindo lago por alguns dias. E dali não sairíamos tão cedo se Carlos não tivesse vindo visitar-nos.

– Venha juntar-se a nós, irmão de jornada! – exclamei.

– Eu e a água nunca nos demos muito bem, chanceler.

– Talvez ela oculte outro dos teus monstros interiores.

– Oculta, sim. Quase morri afogado quando vivia no corpo carnal.

– Então está na hora de superar seu medo, já que não corre mais o perigo de morrer novamente.

– Vocês parecem satisfeitos aí dentro, mas, quanto a entrar nessa água, não sei não.

– Deixe de ser tão tolo. Entre, pois está na hora de aprender algumas coisas sobre as energias aquáticas e como usá-las em benefício dos que estão desenergizados.

– Bom, se é assim, então vou. Mas sem pressa está bem?

Desse modo, ele criou coragem e entrou. Eu ensinei muitas coisas a respeito da água material, espiritual e elemental. Mas o que mais o agradou foi absorver as energias irradiadas por elas, que fluíram através dos pontos de absorção de energias de seu corpo. Quando saímos da água, sentamo-nos e nos pusemos a conversar, perguntei-lhe:

– O que o traz até este lugar tão aprazível, irmão de jornada?

– Justamente este local aprazível, chanceler.

– Não entendi, irmão rei.

– Eu explico. Você se lembra daqueles nossos irmãos caídos, e esgotados de suas energias negativas?

– Como esquecê-los?

– Pois é! Eu preciso fazer alguma coisa por eles ou não honrarei a lição que recebi.

– Só por isso, irmão?

– Você sabe que não, chanceler. Minha consciência me cobra uma reparação positiva de minhas ações negativas. Tem que me ajudar, irmão!

– Claro que ajudarei. Mas pergunto: você está pronto para atender os chamamentos da Lei Maior?

– Sim. Já falei com Mariana e fui perdoado dos erros que cometi por ambição e desejos incontidos.

– E...?

– Preciso de alguém que me instrua e me direcione no serviço da Lei e da Vida. Se não posso apagar os meus erros, no entanto posso me colocar positivamente diante da Lei.

– Nada mais do que isso o nosso Senhor deseja. Nunca credite a si próprio nada do que fizer por seus semelhantes, pois nada fará se antes Deus tudo já não tiver feito por eles.

– Eu não quero créditos ou reconhecimento! Apenas quero ser um instrumento da justiça, da verdade e da vida.

– Venha, vamos até um lugar que me foi mostrado, e que está à sua espera.

– Assim, nus?

– Tudo bem, vamos nos vestir e depois iremos. Você também, Rosa Maria!

– Eu? Onde eu entro na conversa de vocês que, se não me surpreende, no entanto me deixa admirada, pois eu sabia da deficiência de Carlos, e, no entanto, vejo-o curado dela, e de outras não tão visíveis mas perceptíveis?

– Num ser humano, as transformações não acontecem por acaso ou isoladas. A Lei tem um objetivo amplo em vista quando atua. E você também é parte dessa ação, irmã amada!

– Eu?

– Você mesma!

– Será que tudo não foi muito bem planejado por você, chanceler? – perguntou Carlos.

– Eu não planejo nada. Apenas capto vibrações e aguardo os acontecimentos das ações da Lei, que se traduzem em manifestações positivas naqueles que são alcançados por elas.

– Irmão, não imagina o quanto eu gostaria de compreender como consegue captar as vibrações das ações da Lei! – exclamou Carlos.

– Compreenda-as em si mesmo, irmão de jornada. Não é tão difícil quanto imagina.

– Não?

– Não mesmo. Basta meditar um pouco o que veio pedir-me.

– Vou meditar, irmão chanceler.

Rosa Maria, tendo se vestido, olhou-me com curiosidade e perguntou:
– Quem afinal é você, irmão incomum?
– Eu não sou incomum. Apenas ouço algumas coisas e procuro não nadar contra a correnteza da vida. Só isso eu faço, e tenho me sentido muito bem.
– Ainda descobrirei quem se oculta atrás desses olhos lindos, encantadores, transparentes e hipnotizadores, querido! – exclamou Rosa Maria.
– Não perca seu tempo tentando descobrir-me. Use seu tempo descobrindo a si mesma.
– Será que você é um anjo?
– Pelo que sei sobre os anjos, eles não são tão "carnais" quanto eu.
– Isso é que não sei. Ainda! – exclamou ela, abraçando-me.
– Venham! – exclamei, conduzindo-os rumo ao lugar que queria mostrar-lhes. No instante seguinte estávamos diante de uma simples mas majestosa morada espiritual, totalmente desabitada e, mostrando-a, exclamei:
– Ela é de vocês, por obra e graça divina, servos da Lei e obreiros da Vida! Honrem essa dádiva divina com amor, humildade e perseverança.
– O que é isso, chanceler? – perguntou Carlos, aparvalhado com o que via.
– É o que está vendo, irmão. Nem menos nem mais!
– Parece uma morada vazia, não?
– Eu a vejo como uma morada divina à espera dos espíritos que irão habitá-la até que aqui a Lei os queria. Vamos entrar e conhecê-la por dentro?
– Claro! – responderam eles que, ao verem o quão bela e grandiosa era aquela morada, ficaram extasiados. Eu os conduzi por aquela morada divina e, quando já haviam visto quase tudo, levei-os a uma ala que desembocava em uma praça ajardinada circundada por imensas árvores frutíferas, ainda floridas.
A paisagem formada pela exuberância das cores das flores era superior a qualquer coisa que um ser encarnado consiga imaginar. E aquelas árvores produzem frutos suculentos e deliciosos, ainda que pertençam a um plano espiritual.
Nessa realidade espiritual está um dos mais sagrados princípios da criação, que é a da repetição da vida em todos os seus níveis e planos.
– Irmão chanceler, como isso é possível? – quis saber Carlos.
– Para Deus tudo é possível, irmão rei!
– Eu não sou rei, irmão – murmurou Carlos.
– É, sim. E este reino lhe estava reservado há muito tempo. Agora, tem de assumi-lo e habitá-lo com servos do seu divino Senhor, irmão do meu coração.

– Eu não sou merecedor sequer de viver num lugar como esse, chanceler!
– Não é isso que Ele espera ouvir de você, irmão.
– Eu... Eu...
– Curve-se diante da sua Verdade, irmão amado. Ela é grandiosa demais para que a veja e a receba de pé, abestalhado!
– Por Deus, isso é grandioso demais para ser a minha Verdade, chanceler! – exclamou Carlos, já com os olhos marejando ondas de lágrimas.

E a grandiosidade daquela morada vergou aquele ser, fazendo com que caísse de joelhos e, entre soluços, dissesse:
– Meu Deus, não sou digno do que vejo!
– Irmão, assuma diante do nosso Senhor o grau de Guardião maior dessa morada divina, pois é isso que a Lei espera de você nesse momento único de sua existência como servo dela: a Lei Maior!

Bem, o fato é que, aos prantos, aquele irmão do meu coração assumiu seu grau de Guardião maior daquela morada divina e vi quando uma centelha do fogo divino envolveu-o, pois, dali em diante, ele serviria à luz da Lei e da Vida.

Quando ele se levantou, outro espírito eu tinha à minha frente. Os seus olhos irradiavam aquela luz tão característica dos seres animados pelo fogo divino. Eu o abracei emocionado, e beijei suas faces e testa, em sinal de comunhão espiritual com um semelhante meu.

Ele repetiu aquele gesto, mas não se conteve e uma emoção muito forte o envolveu, obrigando-me a ampará-lo em meus braços por algum tempo.

Quando se recuperou, dirigiu-se até a sua irmã e a abraçou com ternura e, muito emocionado, convidou-a:
– Irmã, preciso de seu auxílio.
– Como posso auxiliá-lo, irmão?
– Com os seus conhecimentos, saber e amor.
– Eu não sei se devo...

Carlos, delicadamente colou o indicador nos lábios de Rosa Maria e, com doçura, falou-lhe:
– Preciso do seu auxílio, irmã amada. Divida comigo esta morada divina e juntos a tornaremos um reino digno do nosso Senhor, está bem?
– Irmão, esses seus olhos, esse seu olhar, e essa sua voz quente e envolvente, como resistir a esse seu pedido?
– Não quero que resista, irmã amada. Apenas aceite e alegre-se, pois me sentirei muito feliz tendo-a ao meu lado nesta morada.
– Como eu disse, não dá para resistir! Você absorveu parte do magnetismo do seu chanceler, e agora é irresistível!
– É. Absorvi parte do magnetismo dele, mas ele nunca foi meu chanceler!

– Não?

– Não mesmo. Se ele for chanceler de alguém, este só pode ser do Doador dessa morada divina. Ou não percebeu isso?

– Eu... Só o amei como um ser humano, irmão!

– Então comece a olhá-lo como eu o tenho visto desde que o vi envolver Mariana, e aí descobrirá quem ele é realmente.

Eu intervim rapidamente no rumo que Carlos dava ao diálogo com sua irmã e exclamei:

– Esperem aí! Daqui a pouco você irá convencê-la de que sou dotado de asas e possuo uma auréola pairando acima de minha cabeça, irmão!

– Pois é assim que eu...

– Sem essa de anjo, está certo? Não gosto dessas suas ilusões sobre quem eu sou!

– Tudo bem, irmão! Não precisa se enfurecer com minha imaginação.

– Eu sou um ser igual a você em todos os sentidos. Apenas tenho algumas de minhas faculdades um pouco mais abertas ou desenvolvidas. Mas é só isso, certo?

– Desculpe-me, irmão chanceler. Admiro-o tanto que o vejo como meu anjo da guarda.

– Como um ser tão deficiente como eu pode ser anjo da guarda de alguém? O mundo estaria perdido se os anjos da guarda fossem como eu!

– Não sei não, irmão.

– Deixemos de divagações tolas, e voltemos ao que interessa, está bem?

– Para onde iremos agora, chanceler?

– Vamos até o local onde irá assentar-se para dirigir esta morada, e recolher nela todos os que já estão aptos a habitá-la.

– Eu o acompanho, irmão chanceler!

Bem, eu o levei até uma sala especial que ele deveria ocupar. Ela era dotada de meios que lhe permitiam visualizar todas as alas daquela morada divina. Sem sair dela, e sem esforço algum, ele poderia se informar de tudo o que havia ali. Então, já conhecedor dos recursos ali existentes, perguntou-me:

– Você permanecerá aqui, chanceler?

– Talvez por algum tempo, irmão.

– Você já conhece esta morada há muito tempo?

– Eu a descobri numa de minhas caminhadas sem rumo. E, desde então, tenho meditado acerca das razões de tê-la descoberto.

– A que conclusões chegou, irmão?

– Que eu deveria confiá-la a você. Agora você tem meios de realizar aquilo a que seus sentimentos o impulsionam. Se possuía um desejo, agora tem uma vontade a realizar, irmão de jornada! O campo é vasto e você já o conhece há muito. Conquiste-o!

– Tendo Rosa Maria ao meu lado e você como meu mestre, conquistá-lo-emos, chanceler!

– Eu creio que assim será.

– Onde irá alojar-se?

– Quando eu vinha aqui, ocupava um quarto que dá para a praça florida. É lá que me sinto bem. E é nas cores das flores que me inspiro. Venham, vou mostrá-lo!

Num instante conduzi-os até o quarto, que na verdade era mais do que isso, pois era amplo e dotado de uma fonte de água cristalina no seu interior.

– Há muitos outros iguais a este por aqui, irmãos. Se ocupei este, foi por causa da fonte. Ela me proporciona recordações de um tempo em que não vi ódios, invejas, ambições ou qualquer espécie de sentimento negativo. Eu apenas via a vida fluir num crescendo contínuo em um meio isento dos vícios humanos. Mas, caso venha a precisar deste quarto para abrigar os irmãos que aqui viverão, não se preocupe comigo. Use-o!

– Nunca, irmão! Este quarto é seu para todo o sempre. Esteja você onde estiver, ele será um dos seus refúgios dos dissabores que colhe com suas jornadas nos caminhos sombrios, pois sei que os colhe.

– É, eu colho-os, sim. Mas isso faz parte da minha vida, já que meus monstros estão à solta. E sempre estarão à minha espera.

– Compreendo.

– Deixemos de divagações porque agora vou transmitir-lhes algumas coisas que aprendi em minhas caminhadas sem um rumo aparente a quem não tem olhos para ver o que o Senhor dos Caminhos tem para nos mostrar.

Bem, o fato é que pela primeira vez dei vazão ao que havia aprendido até ali e que julguei útil saberem, conhecerem, e porque não, usarem. Quando senti que haviam alcançado um grau tal de compreensão que iria sustentá-los dali em diante, falei-lhes:

– Daqui para a frente, o céu é o seu limite, irmão e irmã. Antes de o alcançarem, não desistam desse mundo por nada, está bem?

– Por que diz isso, irmão?

– Vou caminhar por aí, pois preciso meditar as razões que me movem. Só a elas consigo ouvir nesse momento, e quero ouvi-las!

– Está nos deixando, querido? – perguntou Rosa Maria.

– Não, não! É só uma necessidade minha. Logo retornarei e me juntarei a vocês.

– Já vi essa sua ausência da realidade nos seus olhos, irmão. Por que essa sensação de vazio?

– É a visão de um dos meus monstros. Preciso encontrá-lo e transformá-lo em mais um dos meus sentimentos nobres.

– Fique um pouco comigo, querido e amado irmão – pediu Rosa Maria.

– Nesse momento eu seria péssima companhia. Eu seria uma companhia desagradável mesmo!

– Você nunca será desagradável, querido!

– Talvez mais adiante venha a conhecer-me melhor, então saberá que em certos momentos preciso caminhar, senão a agonia toma conta dos meus sentimentos mais íntimos e sufoca meu ser.

– Que agonia é esta, querido?

– Ainda não sei como descrevê-la, mas acho que tem a ver com as coisas que vivi no plano material. Um dia descobrirei isso.

– Eu...

– Não se preocupe. Logo estarei de volta, e bem! Até mais, irmãos amados!

Após aquela despedida brusca, mergulhei naquela fonte d'água cristalina e segui pelo meio aquático. Mas procurei o meio aquático sombrio e, através dele, fui sair no meio de um pântano lodoso.

Usando minhas faculdades, alcancei as margens dele no plano espiritual, e ali me sentei e fiquei à espera dos acontecimentos.

O tempo passava lentamente e meus olhos já distinguiam tudo à minha volta.

Pouco a pouco fui captando os gemidos de agonia e de desespero dos espíritos submersos naquele lodo. E dos meus olhos as lágrimas correram!

Elas caíram sobre aquela água escura, fétida e lodosa, criando pontos luminosos naquela lagoa morta.

Do fundo dela, muitos gemidos de desespero se fizeram ouvir claramente: "Socorro! Ajudem-nos a sair daqui! Libertem-nos!"

Muitos outros clamores ouvi enquanto minhas lágrimas se derramavam sobre aquela água escura.

De repente o lodo começou a se agitar e surgiu do meio dele uma criatura assustadora, pois era toda recoberta por um limbo escuro. Mas ainda assim, vislumbrei uma forma humana por trás daquele manto lodoso, que comigo se comunicou:

– Quem é você, espírito da Luz?

– Eu não sou da Luz, irmã amada – respondi, pois captei uma voz feminina a falar comigo.

– É claro que é da Luz! As lágrimas que caem dos seus olhos são brilhantes e pairam sobre este pântano, que é meu domínio.

– Isto aqui é seu domínio, irmã amada?

– É sim. E não sou sua irmã, e muito menos, amada!

– É sim. Apenas ainda não sabe disso.

– Não sou sua irmã. Ordeno-lhe que pare imediatamente de verter aqui suas lágrimas luminosas, pois elas incomodam os que vivem nos meus domínios.

– Como contê-las, se é por você que as derramo?
– Por mim? Que absurdo! Jamais alguém derramou sequer uma lágrima por mim.
– Eu as estou derramando, irmã amada! E quanto mais elas vertem, mais vontade de vertê-las eu sinto!
– Pare, espírito da Luz! Não vê que não sou digna das suas lágrimas luminosas?
– Meus olhos não veem ninguém mais digno delas do que você, irmã amada.
– Ainda que pertença à Luz, você está louco! Não vê quem eu sou?
– É claro que vejo. É uma irmã amada que, se aqui se acha, é porque nunca encontrou alguém que a amasse ou que amasse. Mas eu a amo e espero um dia poder ser amado por você tanto quanto a amo.
– Ninguém ama alguém como eu, espírito dos olhos cristalinos.
– Eu a amo muito, mas muito mesmo!
– Como eu gostaria de acreditar em você, olhos cristalinos. Como eu gostaria de acreditar que ao menos um espírito humano é capaz de amar alguém como eu, um ser que vive num pântano, num charco, onde os piores espíritos vêm verter suas lágrimas escuras, geradas por seus sentimentos desvirtuados!
– Eu sou esse alguém, irmã amada. Saia daí e assente-se ao meu lado!
– Esta minha sujeira iria manchá-lo, olhos cristalinos.
– Isso nunca acontecerá, irmã amada. Meu amor por você é tão intenso que irá purificá-la quando você estiver junto de mim.
– A todos que toquei, transformei em seres do lodo, olhos cristalinos. Eu, se não vejo manchas escuras nesses seus olhos, não quero manchá-lo com minha sujeira.
– Você nunca me manchará, irmã amada. Apenas me purificará um pouco mais das minhas próprias manchas sombrias.
– Quem é você, olhos cristalinos?
– Sou alguém que a ama, e que deseja ser amado por você. É só isso que sou... Irmã amada!
– O que aconteceu contigo para vir parar nesse "fim da vida", olhos cristalinos?
– Senti que tens tanto amor, mas tanto amor, que daqui não sairei enquanto não receber parte dele, irmã amada. Permita que eu me mostre digno do seu amor. Por favor!
– Eu é que não sou digna desse amor que vejo você irradiar, olhos cristalinos!
– Já lhe disse que meus olhos não veem ninguém mais digna do meu amor do que você. Só espero ser digno do seu. Só isso eu desejo, irmã amada. Venha! Assente-se ao meu lado, por favor!

– O que você deseja? Por acaso deseja me encantar com esses seus olhos tão cristalinos, para depois me tornar sua escrava? É isso que deseja?

– Por Deus, não é isso, irmã amada!

– Muitos já tentaram me encantar, olhos cristalinos.

– Se eu puder encantá-la com meu amor, isso farei com grande satisfação. Mas se eu o fizer, será para também ser encantado pelo seu amor. Nunca para escravizá-la. Creia-me, por amor a Deus, irmã amada!

– Você fala de um jeito que começo a temê-lo, olhos cristalinos.

– Se isso está acontecendo talvez seja porque não quer partilhar comigo o imenso amor que oculta por trás dessa sombria camada lodosa, irmã do meu coração. Mas lhe digo que não quero ser seu senhor. Apenas, um dos irmãos do seu amor!

– Eu não tenho em mim esse amor que dizes, olhos cristalinos.

– Tem sim. Apenas essa densa camada lodosa cobre seus amorosos olhos. Venha, assente-se ao meu lado e permita que eu os limpe para que possas ver seu imenso amor refletido nos meus olhos, de tão imenso que ele é!

– Eu não vou assentar-me ao seu lado, olhos cristalinos! Não quero manchá-lo.

– Se você não vier, então mergulharei nesse pântano e me assentarei ao seu lado até que resolva partilhar comigo um pouco desse seu imenso amor.

– Não faça isso, olhos cristalinos. Já me bastam os seres de olhos sombrios que mergulham nesse pântano para se ocultarem da luz.

– Você acha que eles vêm até aqui para se ocultarem da luz?

– Isso mesmo.

– Pois lhe digo que se eles vêm, é porque esperam ser amados por você, pois sabem que ninguém mais os amaria tanto quanto você poderia amá-los, caso se despisse desse manto sombrio, com o qual oculta seu imenso amor.

– Eu não tenho amor a oferecer-lhes. Apenas sufoco as lágrimas de dor dos que não têm um solo luminoso para derramá-las.

– Você, ainda que não saiba, é o mais luminoso dos solos onde eles, com prazer, derramariam lágrimas de alegria caso fossem amados, e concedesse a eles o direito de a amar, querida e amada irmã.

– Olhos cristalinos... Você está me encantando.

– Por Deus, como eu gostaria de encantá-la! Eu a faria vir até aqui, limparia seu rosto encantador e a cobriria de beijos. Depois, eu a amaria como nunca antes amei uma mulher, pois sinto que outra igual a você não existe.

– Por que faria essa loucura?

– Eu não estaria fazendo loucura alguma, irmã amada. Apenas estaria colhendo parte desse seu imenso amor, que ninguém até agora sequer imaginou que existe em seu íntimo, e que só precisa de que a compreendam para que ele jorre como a mais cristalina das fontes do amor.

– Olhos cristalinos, eu... não...
– Por favor, não me prive do seu amor!
– Eu...
– Venha! Partilhe comigo um pouco desse seu imenso amor, pois preciso tanto dele!
– Por quê? Por que precisas do meu amor? – perguntou ela, curiosa, vindo se assentar ao meu lado, mas um pouco afastada, pois não queria me manchar com o lodo que a cobria por inteira.
– Sinto-me tão agoniado por saber que homem algum jamais a amou, e tão poucos conseguiram ser amados por você que, ou eu a amo, ou todo o amor que sinto por você irá se esvair pelos meus olhos aqui nesse local abençoado por Deus.
– Este local não é abençoado, olhos cristalinos. Este é um lugar maldito. É um refúgio dos que caíram!
– Por que eles caíram, irmã amada?
– Eu... Acho...
– Que foi porque não amaram ou não souberam amar. E também, por que não foram amados ou pensam que não são amados. Mas Deus jamais deixou de amá-los e jamais desviou Seus divinos olhos desse lugar, que o tempo todo tem recebido as bênçãos D'Ele.
– Como eu gostaria de acreditar em você, olhos cristalinos!
– Creia-me, irmã amada. Por Deus e tudo o que de mais sagrado existe, creia-me!
– Você me ama de verdade?
– Sim, eu a amo, amada irmã. Amo-a como minha irmã que sempre serás e como a mulher que até agora nunca foi ou permitiram que fosse!
– O que esses seus olhos veem em mim que nem eu nem ninguém mais além de você jamais viu?
– Eu vejo uma criatura dotada de um imenso amor, mas que, por não ter tido meios de irradiá-lo, cobriu-se com um manto sombrio formado pelas suas lágrimas, derramadas a partir da não vivenciação desse amor.
– Como eu gostaria de acreditar que isso que tanto me deprime e me sufoca é o que você me diz.
– Pois creia-me... E ame-me se achar que sou digno do seu amor, irmã amada.
– Quero tanto acariciar tuas faces – murmurou ela, muito triste.
– Acaricie-me, então.
– Não posso.
– É claro que pode! Se nada a impede, você pode realizar esse seu desejo.
– Eu não posso, olhos cristalinos.
– O único que poderia impedi-la seria eu. Mas justamente o contrário é o que desejo.

– Você quer ser acariciado por mim?

– Sim. E também desejo acariciá-la, querida. Quero sentir com minhas mãos o ser sensível que está oculto por trás desse manto sombrio. E quero ser sentido tanto quanto desejo senti-la, minha querida!

– Olhos cristalinos, você me encantou com esse seu olhar. Não sei mais o que fazer! – exclamou ela, agoniada.

– Permita que eu limpe de seu rosto essa camada sombria que oculta sua beleza, e muito feliz me sentirei!

– Eu irei sujá-lo!

– Não irá não, amor que nunca amei ou me amou.

– Está bem. Mas não me culpe caso venha a se manchar com minha sujeira, está certo?

– Seu amor é limpo e cristalino, querida. É ele que eu quero. Quanto ao que chama de sujeira, nada mais é do que ausência de amor.

– Se está bem para você, então limpe-me.

– Feche seus olhos por um instante, sim?

– Eu os fecho, meu querido anjo! – exclamou ela, já vibrando uma tênue felicidade. Eu, com cuidado e delicadeza, passei a minha capa no seu rosto e fui removendo pouco a pouco aquele limbo que o cobria. E quando uma "pele" limbosa ficou visível, ordenei:

– Pode abri-los agora, querida!

Ela os abriu e vi os olhos mais agoniados até então vistos por mim. Eram os olhos de um espírito submerso na ausência do amor. Então, acariciei aquele rosto marcado pela ausência de vida e sussurrei, enquanto ia mergulhando naqueles olhos escuros:

– Como é linda, olhos misteriosos!

– Como é possível isso? Sou feia, muito feia!

– Quem lhe disse isso?

– Todos dizem.

– São uns tolos que não têm olhos para ver além das aparências. Mas eu não a olho com os mesmos olhos dos que a têm olhado.

– Não?

– É claro que não. Eu olho para mais além das aparências, e vejo uma linda e encantadora criatura que anseia amar e ser amada. Vejo uma mulher que está prestes a jorrar seu amor por todos os seus sentidos, tal como uma poderosa fonte d'água.

– Olhos cristalinos, você me encantou!

– Verdade?

– Sim.

– Fico feliz, pois estou sentindo que você está abrindo para mim sua fonte de amor.

– Você é lindo, tão lindo quanto estes seus olhos, que parecem duas fontes cristalinas. Como você é lindo! Posso acariciá-lo?
– Triste ficarei se você não me tocar, querida.
– Não quero vê-lo triste.
– Não?
– De jeito nenhum. Eu o amei assim que o vi!
– Verdade? – perguntei enquanto a abraçava com ternura, e sem me incomodar com o limbo que a cobria. Quando minhas mãos tocaram o corpo coberto por aquela camada densa, apertei-a contra meu corpo e exclamei:
– Que mulher misteriosa!
– Sou misteriosa?
– Claro! Oculta um corpo macio por baixo dessa veste sombria. Por acaso não deseja ser amada, meu amor?
– Você deseja me amar como mulher?
– Não é isso o que é?
– Bem...
– Sim ou não?
– Claro, pois eu sou mulher. E além do mais, posso sentir o seu calor. Por que não solta da sua cintura essa espada que se interpõe entre nós dois?
– Algo a impede de soltá-la?
– Só você.
– Eu não!
– Então nada me impede, não é mesmo?
– Isso mesmo, criatura especial. Nada nos impede de fazermos algo que está ao alcance de nossa mãos, ou dos nossos desejos mais íntimos e mais humanos.
– O toque de minhas mãos limbosas não o incomoda?
– Veja você mesma, e me diga o que seus olhos veem, está bem?
– Eu vejo seus olhos brilhando muito. Por que esse brilho, querido?
– Tenho que responder a isso com palavras?
– Como poderei saber a razão desse brilho se não for por meio das palavras?
– Solte essa espada e terá uma resposta muito mais palpável do que palavras, querida!
– Vou fazer isso, mas não sei se devo.
– Algo a impede?
Após uma olhada para baixo, ela respondeu:
– Não, nada me impede. E, se nada me impede, então eu posso!
– É claro que pode, querida.
– Desejo acariciá-lo, senti-lo e amá-lo! Desejo sentir esse seu corpo tão quente, que faz com que novamente eu me sinta humana.

— Muito humanos são esses seus desejos, mulher especial. Realize-os comigo enquanto vivencio esse amor que começa a fluir por seus sentidos. Inunde-me com seu amor, criatura amada!

Bem, o fato é que se eu a havia encantado e a recíproca era verdadeira, pois meus olhos haviam mergulhado fundo naqueles olhos misteriosos e visto uma criatura encantadora. E, sem que desviássemos nossos olhos, tudo aconteceu.

Aquela espessa camada limbosa que a encobria foi secando com o calor que meu corpo irradiava. E quando nos unimos no mais humano dos atos de trocas de amor, tudo o que a ocultava desapareceu, deixando que eu sentisse uma deliciosa, envolvente e acolhedora mulher. Daí em diante, fechei os olhos e adentrei os mistérios de Marina, pois Marina era o seu nome, que se tornara volúpia pura.

Amamo-nos tanto, mas tanto, que acabamos adormecendo abraçados.

Quando acordei e a contemplei, vi o quão bela era. E lágrimas rolaram dos meus olhos, deslizando vagarosamente pelas minhas faces.

Foi nesse momento que ela abriu seus olhos e perguntou-me:

— Por que derrama lágrimas tão douradas quanto o mais puro ouro, querido?

— Não me contenho diante da sua beleza, querida. É a criatura mais linda que já vi até hoje.

— Não duvido do que, em mim, esses seus olhos tão puros conseguem ver. Mas não creio que eu possa ser tão linda quanto você, meu amado.

— Sua beleza é única e ímpar entre os espíritos femininos, querida. Espero nunca mais deixar de poder contemplá-la, assim como é! Quanta beleza! Como é lindo o amor quando ele assume a forma de uma mulher!

— Não fale assim, amado meu! – pediu-me Marina num sussurro.

— Por que não, amada?

— Não vê que estou tão encantada por você que ao ouvi-lo dizer-me essas coisas, todo o meu ser se emociona e quero envolvê-lo todo, como se nada mais existisse?

— Algo a impede de atender a esse seu desejo tão delicioso?

— Não, nada me impede, querido.

— Então...

— Eu o envolvo com todo o meu amor, que agora sei, é imenso!

Bem, Marina realmente me envolveu e só muito tempo depois permitiu que dela me soltasse e, ainda assim, sob dolentes protestos, pois estava prestes a adormecer.

Após a acomodar ao meu lado, usei uma de minhas faculdades energéticas e, irradiando sobre o seu peito vesti-a com um alvíssimo vestido branco com apliques dourados que cintilavam como se fossem estrelas.

Também, usando o recurso de minhas energias, plasmei um travesseiro que coloquei sob a sua cabeça e a acomodei para poder contemplá-la melhor. Recuei alguns passos e me sentei, ficando a olhá-la até que despertasse naturalmente.

Quando Marina abriu seus olhos e me viu contemplando-a, sem se mover, perguntou-me:

– Por que está tão distante de mim, meu amor?

– Para poder contemplar toda a sua beleza é preciso fazer como quando olhamos para as estrelas, querida. Elas têm de estar ao alcance de nossos olhos, mas não de nossas mãos!

– Eu não sou tão bela quanto uma estrela.

– É, sim. Sua beleza é fulgurante e chega a ofuscar meus olhos. Você me encantou, querida!

– Quem realmente encantou quem, amor?

– Esse é um caso único de mútuo encantamento, amada.

– Venha, ajude-me a me levantar, pois desejo enxugar com meus lábios essas lágrimas douradas que esses seus olhos cristalinos estão a derramar.

– Conceda-me o prazer de finalmente ver uma estrela que um dia caiu, levantar-se diante dos meus olhos encantados por você, que me envolveu com sua beleza cintilante. Venha!

– Olhos que cintilam mil cores, não me encante com essas cores antes nunca vistas por mim!

– Por que não?

– Ora, eu não resisto aos seus deliciosos pedidos!

– Algo a obriga a resistir aos meus tão deliciosos pedidos.

– Nada me obriga a resistir, querido!

– Então...

– Você é irresistível, amor na forma de anjo. Por que é assim, tão irresistível?

– É porque não oponho resistência ao fluir natural do seu amor, amada. Venha!

Marina lentamente se levantou e, ao ver que estava coberta com um vestido alvíssimo, começou a soluçar, de tão emocionada que ficou. Mas ainda teve força para me perguntar:

– Por que cobriu meu corpo, querido?

– O amor, quando assume as formas de uma mulher, é irresistível aos olhos dos homens. Por isso, para protegê-la, eu a cobri, querida. Não quero que eles a vejam por inteira, mas, apenas através dos seus olhos, seus gestos, suas meigas palavras e suas generosas, mas ocultas, formas humanas!

– Olhos cintilantes, é um poeta do amor!

– Deixar o amor fluir em todos os sentidos é ser um poeta, amada?

– Não. Isso que ouço desses seus lábios tão atraentes é muito mais que poesia. É o mais puro dos encantos do amor. Só um ser que vive no mais puro amor faz o que fez comigo, querido. Por que me ama com tanta intensidade?

– Eu preciso amá-la assim, amada minha!

– Mas, Por quê?

– Bom, nesse momento todo o meu amor está concentrado em você. Nesse momento não desejo amar a mais ninguém além de você, que não está sendo amada por mais ninguém além de mim e do nosso Senhor. Então meu amor flui por inteiro e em todos os sentidos. Venha, não me deixe nem mais um instante nessa agonia da espera!

– Que agonia é essa, querido?

– A de alguém que quase tocou as estrelas com a ponta dos dedos, e que agora vê que uma está tão próxima, mas tão próxima, que por ela pode ser tocado. Venha!

– Eu não quero ver o meu amor agonizado. E, se para o meu amor eu sou igual a uma estrela, então sou sua estrela do amor! Sempre serei aquela estrela que, quando o tocar, fa-lo-á esquecer da sua agonia de não ter tido a coragem de tocar com a ponta dos seus dedos as estrelas desse seu imenso amor.

Marina lentamente se aproximou de mim e acariciou meus cabelos enquanto beijava minhas faces ternamente, e com seus lábios macios enxugava meu rosto. Então sussurrou:

– Não feche seus olhos quando eu beijá-los com meus mais ternos beijos. Serão beijos tão ternos que acariciarão esses seus olhos tão encantadores, que eles sentirão o calor do amor que sinto por você, amor meu!

– Eu não os fecharei, estrela fulgurante. Diante de você meus olhos nunca haverão de se fechar!

– Mil cores os teus olhos têm, e mil beijos quero lhe dar. Mil cores tem o teu amor, e mil vezes desejo amá-lo. Mil cores tem quando me amas, e de mil formas desejo amá-lo.

– Marina! Eu...

– Não diga nada, querido. Apenas deixe essa sua estrela amá-lo com mil beijos, por mil vezes e de mil formas diferentes.

– Ao amor, se um nome eu pudesse dar, o nome de "mulher" eu daria, amada minha!

– Ama tanto assim às mulheres para assim denominar o amor?

– Sim, eu as amo, querida.

– Então deixe fluir por todos os seus sentidos esse seu amor, e permita que eu absorva parte desse seu imenso amor pelas mulheres, amado meu.

– Marina!

— Amor meu!

Bem, eu estava encantado pelos olhos dela, e não resisti ao fluir natural do imenso amor que ela estava irradiando para mim. Eu fui amado com muita intensidade, e amei Marina como antes nunca havia amado outra mulher. Tanto a amei que Marina falou-me:

— Tivesse eu um milhão de anos, e nunca teria sido amada pelos homens como tenho sido amada por você nesse pouco tempo que estamos juntos. Contigo o tempo deixa de contar, pois em um encantamento estou envolta por inteira e em todos os sentidos. Onde foi que você conseguiu se tornar assim, amado meu?

— Quer saber mesmo?

— Sim.

— Então venha, que vou lhe mostrar!

Eu a levei até onde havia uma fonte de água e nela mergulhamos. Depois a levei até onde vivem seres elementais originais, e a fiz conhecer um meio puro. Quando retornamos, Marina era um outro ser. E me pediu:

— Leve-me de volta àquele pântano, querido!

— Por que deseja retornar àquele lugar tão sombrio?

— Ele só é sombrio porque os que o habitam não sabem que ele pode ser puro e cristalino. Mas, com sua ajuda, haveremos de transformá-lo num lago cristalino.

— Como é imenso o seu amor, amada!

— Tenho de compartilhá-lo com todos os que não souberam amar ou não foram amados.

— Como é generosa!

— Fui encantada por você, amor! Creio que o que agora sinto é mais um dos encantos desses seus olhos tão cristalinos.

— O que a encanta não são os meus olhos!

— Não? Mas são tão lindos!

— Isso mesmo. O que a atrai é pureza dos meus sentimentos. Eu a vejo como minha irmã de origem, e também como companheira de jornada, e a amo em todos os sentidos. É por isso que a encanto tanto e ao ponto de desejar dividir seu amor com seus irmãos e irmãs submersos no pântano da ausência do amor.

— Posso contar com seu auxílio?

— Em todos os sentidos, querida e amada criatura. Mas antes devemos fazer um reconhecimento de toda essa região.

— Você é meu guia e mestre, amado meu!

Bem, o fato é que margeamos todo aquele pântano e as áreas que o circundam. Então comentei:

— Este lugar, quando tiver sido drenado dos sentimentos negativos que o tornam sombrio, mostrará tanta beleza que encantará a quem o vir.

– Como drená-lo, querido?

– Resgatando do pântano todos os espíritos naufragados nele.

– Como resgatá-los?

– Atuando com os sentidos humanos de cada um dos náufragos e conscientizando-os de que se ainda estão assim, é porque bloquearam suas fontes originais do amor. Mas, após despertá-los para os sentimentos mais nobres que um ser humano traz em si desde sua origem divina, tudo certamente fluirá com naturalidade.

– Sabe, eu passei tanto tempo mergulhada nesse pântano, e nunca me ocorreu que algo mais pudesse existir. Esqueci-me de que Deus é bondade e generosidade. Também esqueci-me de que existem seres humanos muito humanos que, quando podem, demonstram com solidariedade que a vida é bela, ainda que exija de nós alguns sacrifícios e muita dedicação. E sem nos esquecermos de que Deus está ao nosso alcance o tempo todo. Apenas... que... Dele nos afastamos quando nos desumanizamos.

– Sinto-me feliz ouvindo você dizer essas coisas!

– Então ajude-me a multiplicar essa alegria por muitos outros espíritos, amado meu.

Bem, antes de mergulharmos naquele pântano do desamor, oramos a Deus e imploramos por suas bênçãos divinas. Então, demos início ao despertar do amor no coração dos náufragos da vida, e lançamos "boias" luminosas para que tivessem algo positivo em que se agarrassem.

Foram tantos os náufragos retirados das águas sombrias daquele pântano que chegou um momento em que estava ficando difícil acomodá-los. Então pedi licença a Marina e fui dar uma volta para ver se encontrava um local seco para conduzi-los.

Caminhei por toda a região até que encontrei uma esplanada sombria, e ali me ajoelhei e orei até sentir a manifestação de uma vontade divina.

Despi-me da capa e da espada e me sentei, deixando fluir pelo meu ser as energias divinas da vontade que por meu intermédio queria manifestar-se ali.

Das minhas mãos fluíram energias com muita intensidade, alcançando uma rocha escura que as absorvia. Quando cessou a irradiação através das minhas mãos, a rocha explodiu em mil cores que foram se espalhando por toda a esplanada e começaram a tingir "paredes" que eu não via, mas que formavam uma bela morada divina.

Tudo não demorou mais do que alguns segundos mas, para os meus olhos, uma eternidade havia se passado até tudo estar concluído.

Levantei-me e vesti minha capa e espada para avisar a Marina de que já havia um lugar onde poderiam ser abrigados os resgatados do pântano do desamor. Quando a encontrei, ela chorava.

– Fraqueja, amada? – perguntei, preocupado.

— Acho que não estou preparada para tudo o que está acontecendo por aqui, olhos cristalinos. Por quê?
— Certas coisas não têm explicação. Elas acontecem e pronto! A nós só resta aceitá-las e assumi-las, pois são manifestações da Lei em nossas vidas.
— É tão difícil de compreendê-las!
— Venha, vou mostrar-lhe o que descobri!
— Do que se trata?
— Prefiro que veja com seus próprios olhos.
— Não gostaria de contar-me antes?
— Verá, e pronto! Nunca mais irá se preocupar com espaço para alojar os náufragos que resgatar com seu amor.

Naquele momento não entendi por que Marina me olhava com um brilho diferente nos olhos. Levei-a até a morada e, mostrando-a, falei:
— Eu caminhava por aqui e deparei com esse lugar, amada criatura! Creio que ele estava reservado para você e para todos os que viviam naquele pântano.
— Não merecemos uma morada tão linda, querido.
— Isso quem decide é Deus, Marina. A Ele essa morada pertence, e abrigará quem a ela vier. Com o tempo, toda a energia negativa que escurece essa região irá se transformar, dando origem a um campo luminoso.
— Como isso acontecerá, olhos que veem o que não vejo?
— Com a transformação dos sentimentos de cada um dos ex-náufragos, pois Deus não os quer em outro lugar. Será nessa região que terão que se transformar.
— Será um trabalho gigantesco, não?
— Gigantesco? Não. Apenas divino, Marina.
— Podemos conhecer essa morada por dentro?
— Claro, pois ela é nossa a partir de agora, querida. Venha!

Após a conhecer, e descobrir que infinito era o número de quartos, salas e salões, Marina desmaiou de tanta emoção. Achei que estava esgotada e, apanhando-a nos meus braços, levei-a até um lugar que havia descoberto em minhas caminhadas. Deitei-a sobre a areia morna e fiquei a contemplá-la até que despertasse, o que logo ocorreu.
— Onde estamos? — foi logo querendo saber.
— Calma, querida. Eu a trouxe até o plano material para que possa se fortalecer. Você está muito esgotada energeticamente. Creio que as energias desse lugar lhe farão muito bem.
— Como estão os resgatados?
— Bem, creio eu.
— Não sabe como eles estão?

— Pare de se preocupar com eles um pouco, Marina. Não percebe que você também tem que repousar? Areje seus olhos, mente e sentimentos, senão naufragará com eles novamente.

— Preocupo-me tanto com eles!

— Eu sei. Você precisa reequilibrar-se ou será de pouca valia para eles, agora que tem um lugar onde abrigá-los. Venha, vamos absorver as energias das águas marinhas, pois elas são muito benéficas para os espíritos ou os encarnados.

— De águas, tudo você conhece, não?

— Só algumas coisas. Mas de um espírito que amo muito, muitas coisas já conheço. E uma dessas coisas me diz que você está esgotada. Vamos?

— Você me leva?

— Existe prazer maior do que o de poder senti-la em meus braços?

— Existe?

— Claro que existe!

— Qual?

— O de poder estar envolto pelos seus braços, amada!

— Esse brilho nos seus olhos, acho que já conheço!

— Acredito que já o conhece, amada.

— Venha, deixe-me beijar esses lindos olhos que tanto me encantam.

— Só meus olhos a encantam?

— Bem... Você sabe que não são só eles. Venha e irradie-me com essas suas energias tão deliciosas, está bem?

— Não prefere as da água marinha?

— Depois, sim?

— Para mim está ótimo que assim queira.

Bem, o fato é que irradiei tanto das energias que ela dizia, e ainda diz que são deliciosas, que só a levei ao mar depois de ela despertar de um prolongado sono.

Quando retornamos à areia, um brilho fulgurante surgiu ao longe e por cima das ondas espumantes.

E aquele brilho multicolorido foi dando forma à mais encantadora criatura que meus olhos já haviam visto: era o gênio das águas marinhas que, bem à nossa frente, mostrava-se.

Respeitosamente nos ajoelhamos e ficamos à espera de sua mensagem.

Com seus hipnotizantes olhos, ela disse-me:

— Eu a confiei a você porque sabia que faria com ela e por ela o que nenhum outro espírito poderia, ousaria ou gostaria de fazer. Por isso, colheu o que nenhum outro espírito sequer imagina ser possível colher nos pântanos da ausência do amor: o amor na forma de um espírito feminino! E se outras razões não houvesse para eu amá-lo e protegê-lo, essa já seria suficiente.

Nada respondi, pois me faltaram palavras diante do esplendor daquele gênio feminino das águas marinhas. Sua beleza era encantadora e, se me fosse dado o direito de descrevê-la, eu apenas diria: ela é de uma beleza divina!

Quanto ao que ela transmitiu a Marina, bem, isso pertence a ela, que se emocionava com facilidade. Imaginem como ficou diante daquela criatura divina.

Assim que, numa fulgurante irradiação de luz e de cor, o gênio feminino das águas do mar desapareceu, Marina irrompeu num pranto tão emocionado que não tive outra alternativa senão deixá-la chorar à vontade. Mas quando ela se acalmou, irradiou tanto amor para mim que outra alternativa eu não tive senão a de amá-la intensamente.

Quando retornamos ao pântano, outra era Marina. Seus olhos irradiavam sentimentos tão nobres que transcendiam os sentimentos humanos mais elevados e alcançavam o grau de divinos.

A nova Marina irradiava sentimentos tão nobres e puros que encantava os espíritos resgatados do lodo do pântano, e conseguia milagres na cura das deficiências que eles traziam em si. Eu, em função dessa sua qualidade divina, fiquei livre para dedicar-me a outras atividades naquela região espiritual tão sombria e, no entanto, tão rica em possibilidades humanas e humanizadoras.

Certa vez mergulhei no mistério do elemento terra, um dos formadores tanto do plano material como do espiritual, e trouxe comigo um pouco de um dos muitos mistérios da vida: sementes de vegetais de natureza espiritual, e as semeei por toda aquela região sombria.

Acompanhei todo o processo de germinação daquelas sementes, e posso resumi-lo em poucas palavras: as sementes que semeei traziam um código genético que iria se desdobrar ao entrarem em contato com energias de ordem negativa. Elas absorviam certos tipos de energias de ordem negativa e davam início à germinação. Logo os brotos afloravam naquele solo escuro e úmido, e nasciam delicadas folhas, formando uma flora toda nova aos meus olhos.

Foi aí que finalmente compreendi a função das plantas, tanto no plano espiritual como no material: absorvem pelas raízes nutrientes impróprios para o ser humano e os devolve na forma de matéria energética próprias para a alimentação dos mesmos e das espécies inferiores.

Meditei muito o que aprendi sobre as plantas, pois para mim era um novo conhecimento que estava se mostrando.

Um outro meio que a vida possui para se manifestar eu via com encanto, respeito e admiração. Meus olhos não se cansavam de contemplar aquela manifestação da vida, e um dos muitos princípios geradores do divino Criador. E, quando uma daquelas árvores gerou o primeiro fruto naquela região, já não tão sombria, abracei o tronco dela com ternura, carinho e amor. Meus olhos se inundaram com as lágrimas que afloraram do mais íntimo do meu ser e do mais nobre dos meus sentimentos: o amor à vida!

Ainda que isso possa parecer inacreditável, "algo" que vivia naquela árvore frutífera me envolveu por inteiro e retribuiu o meu abraço de natureza humana com outro, este de natureza vegetal. E, se eu irradiava amor à criação por meus sentidos humanos, aquele "algo" que me envolveu irradiou-me seu "amor vegetal" com suas vibrações vegetais.

Não posso dizer qual foi o sabor do meu amor naquela troca de sentimentos nobres, mas posso afirmar que fiquei extasiado com o sabor inebriante que ganhei daquela árvore frutífera que irradiava-me seu amor.

O que sei é que trocamos vibrações de amor e os fluidos vitais mais nobres e puros possíveis. E feliz me senti!

Tão feliz me senti que mesmo tudo tendo cessado, a ela continuei abraçado com ternura enquanto sentia em meus lábios um delicioso sabor. Eu havia provado de um néctar diferente: o néctar do amor das plantas pelo ser humano, que por eles são alimentados e sustentados, pois nos fornecem "vida" na forma de alimentos.

Talvez dela eu não mais me soltasse se não fosse Marina ter-me chamado com sua voz acariciante e, também, muito "doce" aos meus ouvidos:

– Querido, o que faz abraçado a essa árvore?

Quando ela repetiu pela terceira vez essa pergunta, desgrudei meu rosto do tronco da árvore e a contemplei, ainda distante, mas, já despertando de um sonho.

Marina acariciou meu rosto banhado de lágrimas e beijou meus olhos, como era e ainda é seu hábito, e só então, mais uma vez, perguntou-me:

– O que faz abraçado a essa árvore tão generosa em frutos multicoloridos?

– Frutos multicoloridos? – perguntei, ainda meio distante.

– Sim, multicoloridos. Mil cores se mostram na película que os recobre. Não os tinha visto ainda? – perguntou-me ela, abraçando-me.

E foi assim, bem juntinhos, que por muito tempo permanecemos debaixo daquela árvore frutífera. E dali não sairíamos se Marina não acabasse adormecendo em meus braços. Levei-a de volta à morada e deitei-a no seu leito. E, como sabia que iria dormir por muito tempo, resolvi "caminhar" um pouco pelo plano material.

Dali mesmo fui dar diretamente numa movimentada avenida de uma grande cidade do plano material, semideserta àquela hora da noite. Caminhei devagar e observei atentamente as últimas criações humanas no plano material da vida. Às vezes parava diante de um "magazine" e ficava a olhar o interior dele em busca de alguma novidade. E quando parei diante de uma banca de revistas e comecei a me inteirar do que estava acontecendo no plano material, senti-me observado a certa distância. Voltei-me para onde meus sentidos informavam estar meus vigias, e o que vi assustou-me: uma legião completa de seres infernais não desviava seus olhos de mim.

Eram milhares e milhares de espíritos com as mais esdrúxulas aparências. Eu, por um motivo ainda não conhecido por mim, percebi que era a razão de eles estarem ali. Encostei as mãos no cabo da espada e fiquei à espera dos acontecimentos, que não tardariam a se desenrolar.

E foi o que aconteceu, pois logo uma criatura abriu caminho no meio daquela turba infernal e, lentamente, avançou em minha direção. Fixei meus olhos nos da criatura e não os desviei, pois, se havia um "líder" daquela horda, era aquela criatura que também me olhava fixamente. Quando ela chegou a alguns passos de onde eu estava, estancou e falou-me:

– Chanceler, que prazer em encontrá-lo!

Havia desprezo, ironia, sarcasmo e ódio nas palavras daquela criatura, que eu já começava a identificar. Então, girando o cinturão no qual a espada estava presa e levando-a para o lado direito do meu corpo, exclamei a meia voz:

– Outra coisa além do prazer não desejo proporcionar-lhe, ainda que disso não saiba, ou não tenha consciência, criatura amada!

– Eu conheço esse seu método de subjugar as tolas que ficam na sua frente, chanceler. E posso assegurar que comigo esse seu meio é inútil.

– Só afastei minha espada para o lado para mostrar-lhe que não desejo oferecer-lhe dor.

– Eu o tenho estudado e vigiado há muito tempo, chanceler.

– Por que sou objeto de tantas atenções, criatura amada? Por acaso pertenço a alguma espécie especial?

– Sua espécie é muito especial, chanceler! E por isso mesmo você deve ser anulado por inteiro e em todos os sentidos.

– A que espécie pertenço, criatura amada?

– À dos que se intrometem nos assuntos das trevas e incomodam os que nelas encontraram seus meios de vida.

– Não foram nos seus que me intrometi, ou foram?

– Ainda não, mas, pelo trajeto de sua caminhada, logo mais iria adentrar meus domínios.

– E...?

– Resolvi antecipar-me e encerrar sua caminhada, aparentemente sem um rumo definido, mas, para mim, com um objetivo muito "claro": alcançar o "coração" das trevas!

– Puxa! Sabe de coisas que ainda desconheço, e que sequer tinha me ocorrido. Mas agora estou curioso por saber onde fica o tal coração das trevas, criatura especial.

– Para que você iria querer se aproximar do coração das trevas, chanceler?

— Oras, com a ajuda do meu método, que tão bem conhece, iria conquistá-lo e por ele seria amado.

— Acha isso possível?

— Bem, se por seus olhos sinto que por ele sou odiado, então não tenho nada mais importante a fazer nesse momento do que por ele ser amado, pois já não odeio mais o coração das trevas. E já não desejo perfurá-lo com a lâmina de minha espada.

— Foram muitas as vezes que a lâmina de sua espada tentou abrir o coração das trevas, chanceler!

— É, foram, sim. Mas tudo isso pertence ao passado, criatura especial. Já vai longe o tempo em que eu acreditava que era possível abrir o coração das trevas com golpes de ódio. Posso assegurar que não foi um tempo que eu gosto de relembrar. Posso até dizer-lhe que envergonho-me dele, e tento reparar meus erros amando os que não são amados, pois se esqueceram de que, se não amam, isso não quer dizer que não podem ser amados.

— Eu não desconheço seus recursos retóricos. Mas, para meus ouvidos infernais, essas suas últimas palavras soam como o encantado canto das sereias do mar. Você está subestimando minha inteligência, chanceler?

— Não estou não, criatura amada. Se você desarmar esses seus olhos só por um instante, provarei a sinceridade das minhas palavras.

— Só desarmo meus olhos caso você solte o cinturão com sua espada. Ou teme fazer isso?

— Eu não temo, pois o poder que em mim não existir, não será minha espada que irá supri-lo. Mas peço, antes de soltá-la, que jure que antes de se lançar sobre mim ouvirá e verá o que tenho a dizer e mostrar-lhe.

— Você pede um juramento de alguém como eu?

— Eu confio no poder de um juramento, criatura amada.

— Por quem eu poderia jurar, se pertenço às trevas?

— Ainda que isso seja verdade, você vive, não?

— Sim, eu vivo, chanceler. E muito mais viverei após destruí-lo em todos os sentidos.

— Mas se me conhecer melhor, nunca mais perecerá e muito melhor viverá, criatura amada. Logo, que seja pela vida o seu juramento, pois ela é comum à luz, ao meio, ou às trevas, certo?

— Sua retórica é mais poderosa do que eu imaginava, chanceler, assim como seu raciocínio é mais ágil do que o humano. Coloca uma razão comum à luz, meio e trevas, mas neutra, uma vez que sabe que pela luz não posso jurar e, pelas trevas, estou impedido de jurar.

— Mas pela vida nada o impede de jurar, certo?

— Nada me impede, chanceler.

— Então jure pela vida que, antes de qualquer ação sua contra mim, irá ouvir-me e ver o que tenho a dizer e mostrar-lhe.

– Eu juro pela vida que, antes de anulá-la em você e em todos os seus sentidos, ouvirei e verei o que tanto deseja que eu ouça e veja.

– Que a vida seja minha espada e minha guardiã enquanto eu falar e mostrar-lhe, porque minhas palavras são sinceras, criatura amada! Se depois de tudo o que eu tiver dito e mostrado você ainda tiver razões para odiar-me, então que essa mesma vida me seja tirada e a morte seja o gládio que me ceifará do meio humano para todo o sempre.

– É mais rigoroso contigo do que o meu ódio, chanceler. Eu não desejo afastá-lo do meio humano, mas, tão somente, inutilizá-lo para ele.

– Uso para comigo do mesmo rigor com que usei para afastar do meio humano os corações trevosos.

– É. Não foram poucas as suas tentativas de afastar do meio humano os corações trevosos, chanceler.

– É verdade. Muitas foram as vezes que, na mais sombria ignorância, eu acreditava estar atingindo e fazendo sangrar o coração das trevas ao abrir com a lâmina de minha espada os corações trevosos dos seres humanos. Hoje reconheço que eu estava errado, e não me perdoo por ter sido tão ignorante, criatura amada. Isso me incomoda muito, sabe?

– Imagino que se sinta incomodado, chanceler.

– Agoniado! É assim que me sinto.

– Eu já jurei, chanceler! – exclamou aquela criatura, já impaciente, pois sentia que essas minhas últimas palavras também eram sinceras.

Soltei o cinturão e a capa. Com esta cobri minha espada e a depositei na frente dos "pés" daquela criatura. Então me voltei para uma estante repleta de jornais e, apontando-os, perguntei-lhe:

– Criatura amada, o que estes jornais estão a dizer?

– Notícias de acontecimentos do meio humano, chanceler.

– Que acontecimentos?

– Muitos, oras!

– Quais são os que se destacam nas páginas frontais?

– Notícias de uma guerra, de dois assassinatos, de fome em várias regiões do planeta, assim como de uma desconhecida doença.

– O que mais seus poderosos olhos veem?

– Muitas notícias sobre acontecimentos humanos, chanceler.

– Por acaso seus olhos captam palavras que noticiam algum acontecimentos divino?

– Não.

– Será que aí existem notícias infernais?

– Também não. Só notícias normais e triviais, tão comuns ao meio humano. Ou será que meus poderosos olhos não veem o que os seus, também poderosos, estão vendo?

– Não. Eu também só vejo nesses jornais notícias comuns ao meio humano.

– Era só isso o que tinha a me dizer e mostrar, chanceler?

– Não. Gostaria que me acompanhasse até alguns lugares, mas não nessa sua aparência.

– Com que aparência deseja que eu o acompanhe?

– Concede-me o direito de escolher, criatura amada?

– Por que não? Afinal, presumo que será a última coisa que fará no tempo que ainda lhe resta de vida!

– Quem sabe, não?

– Escolha a aparência, chanceler! – exclamou aquela criatura, novamente impaciente. Eu, após correr os olhos pela banca de revistas, pousei-os sobre a capa de uma revista que trazia estampado o corpo seminu de uma linda modelo fotográfica.

– É assim que me deseja, chanceler? Com essa aparência feminina que, parece-me, agrada-o?

– É. Essa aparência me agrada. E, como sua natureza é feminina, nada mais justo e agradável aos meus olhos que seja essa a sua aparência para ver o que tenho a lhe mostrar, e ouvir o que tenho a lhe dizer.

Bem, o fato é que aquela criatura assumiu num piscar de olhos a aparência da modelo na capa da revista, e perguntou-me:

– Agrado a seus olhos, chanceler?

– Não é só aos meus olhos que essa aparência tão feminina, e tão atraente agrada, criatura amada!

– É. Pelo latejar que capto desse seu sentido tão humano, imagino que essa aparência o agrade muito.

– Não tenha dúvida do quanto me agrada, criatura amada. Vamos?

– Eu ou a aparência, chanceler? – perguntou ela, curiosa.

– Ambas! – respondi, volitando a seguir, sem lhe dar tempo para dizer-me nada mais, pois fui parar bem no meio de um campo de batalha em que uma luta sangrenta estava sendo travada e milhares de jovens estavam a se matar, com uma fúria incomum nos seres humanos. Aí, perguntei a ela:

– Por que esses jovens estão a se matar, criatura amada?

– Por uma guerra tola, pois as razões que os movem são sentimentos religiosos, certo?

– Isso mesmo. Duas nações com culturas diferentes, e também com religiões diferentes, estão a se autodestruírem porque imaginam que Deus deseja que uma destrua a outra cujo povo O cultua com uma crença e um ritual diferentes.

– Isso mesmo, chanceler.

– Acredita que Deus irá resgatar para as esferas da Luz espíritos tão imantados de ódio?

– Nunca tal coisa aconteceu antes, chanceler.
– E nunca acontecerá, não é mesmo?
– Isso mesmo.
– Então, quem será obrigado a acolhê-los e a conviver com o ódio que já vibram, assim como com o que vibrarão quando descobrirem que foram enganados pois não matavam ninguém mais que à Luz que antes havia neles?
– As trevas do inferno irão recolher os espíritos deles, chanceler. E até aqui, nada de excepcional você mostrou ou disse.
– Eu sei que não. Acompanhe-me a vários lugares, onde também verá só acontecimentos humanos, mas imprescindíveis ao que tenho a mostrar e dizer-lhe, está bem?
– Vá em frente, chanceler!

Eu fixei meus olhos no vazio por um instante, e a seguir volitei até uma residência no outro extremo do planeta, onde um assalto estava sendo feito. Já assistindo ao acontecimento brutal, perguntei:
– Por que esses seres humanos estão praticando um ato dessa natureza, criatura amada?
– São todos dependentes de vários vícios humanos, chanceler. Roubam os bens dessa família para sustentarem seus vícios, certo?
– Isso mesmo, criatura amada.

Nisso, um dos assaltantes entrou num dos quartos e, ao ver uma menina de uns quatorze anos de idade, que dormia, chamou os comparsas com um aceno de mão e a mostrou. Eu vi nos olhos deles a volúpia do desejo, pois ela era muito bonita. E, a partir desse momento, o assalto teve um desfecho que minha visão e percepção não haviam captado, pois acordaram com a mira das suas armas os moradores da casa e, após amordaçá-los, deram início a um ato desumano e difícil de ser assistido.

Eu nada pude fazer para impedi-los, pois aquela criatura impediu-me e advertiu-me de que, ou eu me atinha só em lhe dizer e mostrar, ou ali cessava seu juramento para comigo.

Foi com os olhos vertendo lágrimas que assisti àquele ato tão desumano. Violentaram não só à menina, ainda virgem, como também à sua mãe e mais outra mulher que vivia sob aquele teto. Quando se foram, deixaram um cadáver estendido na sala: o pai da menina que, mesmo amarrado, lançara-se sobre um dos devassos e fora morto impiedosamente.

Uma desgraça inominável se abatera sobre aquela família num espaço de tempo que não ultrapassou mais do que uma hora. E foi aos prantos que perguntei:
– Quem cometeu esse ato tão desumano, criatura amada?
– Seres humanos, chanceler.
– Para onde irão após desencarnarem?
– Para o inferno, é lógico!

– Por que não irão para o paraíso?

– Ora, eles não são dignos da Luz, e você sabe disso tão bem quanto eu, chanceler. Se a eles fosse dado esse direito, continuariam eternamente a fazer o que aqui fizeram.

– Isso é certo – respondi, com a voz embargada pelo pranto. – Saiamos daqui, pois muito ainda tenho a lhe mostrar, criatura amada.

– Mais atos humanos?

– O que estou lhe mostrando não são atos humanos, mas tão somente atos desumanos.

– Que assim seja, se assim deseja denominar os atos cometidos por seres humanos.

Como era madrugada, volitamos para uma zona de meretrício, e fomos ao interior de um prostíbulo.

O local não era um ponto de encontro só para encarnados, pois ali também estavam a se "encontrar" muitos espíritos viciados no sexo.

Nós ficamos observando os frequentadores da "casa", até que perguntei àquela criatura:

– O que teus olhos veem, criatura amada?

– Só seres humanos.

– É só isso que conseguem ver?

– Há algo mais que não vejo?

– Muito mais, pois essas mulheres não vieram parar aqui por acaso, assim como esses homens, que aqui as procuram.

– Bem, se estão aqui é por causa de suas condições de vida, certo?

– Isso mesmo. Mas, observe o mental de cada um e verá que muitas dessas mulheres só estão aqui porque não tiveram outra alternativa em suas vidas, assim como os que as procuram, outra não encontraram para darem vazão aos seus desejos sexuais.

– Você, quando encarnado, também frequentou locais parecidos com esse, não?

– É, frequentei.

– Então não é diferente deles, certo?

– Em alguns sentidos, não.

– Seus olhos veem algo que os meus não veem, chanceler?

– É, eles veem.

– O que é, chanceler?

– Por enquanto só estou mostrando. Quando eu começar a falar, seus olhos verão, criatura amada. Vamos?

– Vamos.

Eu segui um roteiro sombrio, assustador, violento e desumano, enquanto ia mostrando o que ela chamava de atos ou ações humanas, mas que eu tinha na conta de desumanos.

– Foi pouco o que seus olhos viram, criatura amada?
– Não, chanceler. Mas até agora não vi nada de excepcional, pois só vi atos comuns ao meio carnal humano. Eu já os conhecia há muito.
– É, eu sei que conhecia.
– Já mostrou tudo o que tinha a me mostrar?
– Ainda não. Vamos até as esferas negativas ligadas ao meio humano?
– Vá em frente, chanceler!

No instante seguinte estávamos numa esfera espiritual que abrigava milhares de espíritos humanos, ali "retidos" por causa de suas viciações.
– O que seus olhos veem, criatura amada?
– Espíritos caídos.
– Quem os subjuga e os retém aqui?
– A Lei, ora!
– Então vamos a outra esfera mais densa do que esta, está bem?
– Siga em frente, chanceler! – exclamou ela, com deboche. E no instante seguinte estávamos num plano espiritual localizado no que chamo de terceira esfera negativa.

É nessa esfera que o caos do desumanismo começa a ser ordenado negativamente, mas ordenado, pois na primeira esfera vagam os espíritos recém-desencarnados sem grandes débitos para com a Lei; e na segunda vagam os que possuem acentuados débitos. Então perguntei:
– O que seus olhos veem, criatura amada?
– Mais espíritos humanos, chanceler.
– Por que aqui eles estão?
– Ora, nas esferas de luz é que não poderiam estar. Concorda?
– Concordo.
– Então meus olhos não veem nada de excepcional, certo?
– Isso mesmo. O que acontece por aqui, criatura amada?
– Uns espíritos subjugam outros, dando vazão às suas viciações, certo?
– Certo. Aqui os mais fortes subjugam os mais fracos; os "tarados" violentam tanto os espíritos machos como fêmeas; os assassinos dão vazão aos seus instintos bestiais e não se pejam em anular outros espíritos humanos, etc., etc., etc., certo?
– Não vejo onde deseja chegar, chanceler. Por que não facilita as coisas e diz logo o que pretende com esse seu roteiro bestial?
– Logo verá, criatura amada. Vamos?
– Siga em frente, chanceler!

Bem, dali fomos para a quarta esfera, em que as hordas negativas são formadas e dali atuam sobre o meio humano material. Nessa esfera os planos já são bem específicos, e é onde os espíritos afins são unidos em legiões distintas, mas com uma coisa em comum: o ódio ao plano material da vida ou meio carnal humano.

– O que seus olhos veem, criatura amada?
– Espíritos humanos, chanceler.
– É, são espíritos humanos.
– Quanta redundância! Para quê?
– Para quando chegarmos à sexta esfera não faltar um elo da cadeia humana negativa.
– Então se apresse, porque para mim parece que só tenta adiar o seu fim, chanceler.
– Vamos à sexta esfera, criatura amada, pois nela estão assentados os servos dos servos dos senhores das trevas, não?
– É. Lá eles estão assentados em seus domínios, mas ainda humanos, certo?
– Sim, humanos.
– É nela que você tem atuado com intensidade, certo?
– É, sim. Nela tenho encontrado muitos dos meus monstros interiores, irmã amada. E nela, pouco a pouco os tenho recolhido e transformado em bens da vida.
– Então podemos pulá-la, pois ambos a conhecemos muito bem, certo?
– Mas aí faltará um elo à cadeia humana nas trevas, criatura amada!
– Está bem, vamos à sexta esfera negativa, chanceler!

Já na sexta esfera, e fixando meus olhos em um domínio, pois nele não adentramos, perguntei:
– O que veem seus olhos, criatura amada?
– Espíritos humanos subjugados pela Lei, chanceler.
– Subjugados?
– Isso mesmo.
– Mas... Eles não têm movimentação livre nas outras esferas?
– De jeito nenhum!
– Por que não?
– Ora! Caso saiam de seus domínios, hordas de inimigos se abaterão sobre eles e os fulminarão, reduzindo-os a nada. São espíritos odiados com tanta intensidade, e por tantos, que, se fecharem os olhos por alguns segundos, não mais os abrirão. Mesmo os que os cercam, pois estão jungidos a eles, odeiam-nos e os fulminariam se pudessem. E de vez em quando, um desses senhores ou senhoras das trevas vacila e deixa de existir. Mas isso, você sabe tanto quanto eu, certo?
– É, disso eu sei, amada criatura.
– Muitos que pertencem a essa esfera já o conhecem, não?
– É, são alguns os que me conhecem, e muitos os que gostariam de conhecer-me.
– Por que, chanceler?

– Os que me conhecem sabem que os amo. E os que não me conhecem têm muita curiosidade em descobrir porque sou amado por seres que não são amados por ninguém mais, além de mim. Eles sabem que não farei a eles nada que não faria a mim mesmo. E que não desejo a eles nada além do que tenho desejado para mim.

– Por que você os ama, chanceler?

– Apenas porque eles já estão esquecidos no tempo, e do tempo são prisioneiros, ainda que acreditem ser donos dos próprios destinos e de suas existências.

– Você perde seu tempo com seres caídos, chanceler!

– Não. Eu procuro humanizar seres que se transformaram por terem sido idolatrados.

– Mas muitos deles foram grandes idólatras, chanceler!

– Quem um dia não terá sido, amada criatura? Todos nós, em algum momento das nossas existências, idolatramos alguma coisa, que poderá ter sido uma estátua, uma imagem ou um sentimento, talvez até um ser amado! Idolatrar um sentimento não é mais nem menos importante do que idolatrar uma pedra pois, para a Lei Maior, o que conta são as ações decorrentes do ato da idolatria. Muitos, idolatrando uma chama, adquirem as qualidades do fogo e, se se portarem com humanismo, tornam-se portadores da centelha ígnea do Fogo Divino. Mas se suas ações forem desumanas, tornam-se portadores das chamas da destruição. Muitos idolatram uma pedra, e tornam-se portadores da solidez da criação, enquanto outros se tornam portadores dos abalos destruidores que sacodem a humanidade. Logo, não importa muito ao que ou a quem idolatremos, pois à Lei só interessa nossas ações, que podem ser humanas, desumanas ou supra-humanas. À Lei, nada mais do que isso interessa. E tolos são os que acham que a Lei Maior condena e pune os idólatras. Eles não têm a noção exata dos princípios da Lei Maior e arvoram-se em intérpretes dela. Com isso deixam de ser humanos e se tornam desumanos.

– Você parece entender bem da Lei, chanceler!

– É, acho que entendo alguns dos seus princípios. E tenho tentado conduzir-me de acordo com os ditames desses princípios, pelo menos nos últimos tempos de minha vida.

– Então, se sabe tudo isso, nada mais tem a mostrar-me. Tudo o que por aqui existe não me é estranho!

– Então vamos aos domínios da sétima esfera, criatura amada.

– Na sétima estão seres iguais a mim, destruidores de seres "especiais".

– Por que essa obsessão em destruí-los?

– Eles negam o que acreditamos, anulam o que fazemos, destroem o que criamos e vivificam o que negamos. Ou nós os destruímos ou seremos destruídos por eles.

– Compreendo.
– Então nada mais tem a me mostrar, certo?
– Errado, criatura afoita por minha destruição! Dê-me a sua mão direita e a levarei a uma esfera já fora dos limites humanos, mas não da humanidade.
– Que esfera é essa, chanceler?
– A primeira das esferas extra-humanas.
– Eu não posso ir até ela.
– Por que não?
– Lá vivem seres que há milênios aguardam uma distração minha para me destruírem.
– Por quê?
– Ora, eu os enviei para lá quando se tornaram uma ameaça ao meu domínio infernal.
– Entendo. Mas lhe digo que nada terá a temer estando segura por minha mão direita.
– Você está tentando me enganar, chanceler. Na certa, ao a adentrarmos, entregar-me-á ao primeiro inimigo meu que surgir em sua frente.
– Pela vida, juro que enquanto eu estiver mostrando o que tenho a mostrar-lhe, não irá acontecer-lhe nada que eu não desejasse para mim.
– Acho que não, chanceler. Você sabe que irei destruí-lo. Logo, talvez esteja me conduzindo a um lugar onde ambos seremos destruídos!
– Nada disso acontecerá, e você sabe que nada tem a temer enquanto estiver oculta por esta aparência, pois a energia que fluirá de minha mão a ocultará.
– É, eu sei disso, chanceler. Só não sei onde deseja chegar.
– Às esferas extra-humanas, criatura amada. Vamos?
– Bem, pelo menos as conhecerei sob seu amparo. Creio eu!
– É, conhece-las-á, sim, criatura amada. Vamos?
Bem, o fato é que ela estendeu sua mão e a levei à primeira das esferas extra-humanas negativas.
Já dentro dos domínios energéticos negativos daquela esfera, volitei até um local que se parecia mais com um caos energético. Não demorou muito para que seres extra-humanos fossem avistados por nós, e vice-versa.
Não tive que esperar muito para que uma "energia" começasse a assumir uma aparência humana, se aproximasse e se apresentasse:
– Eu sou o primeiro dos setenta e sete gênios das trevas, e esses são meus domínios. Quem são vocês e o que fazem aqui?
– Visito seus domínios, irmão gênio.
– Com que direitos adentra meus domínios?
– Com este – falei, mostrando-lhe a mão esquerda espalmada.
– Meu senhor! – exclamou o gênio, já atirando-se aos meus pés. – Como aguardei por milênios a sua vinda!

– É, também tive que aguardar milênios para poder vir, irmão amado.
– No que posso servi-lo, meu senhor?
– Eu desejo mostrar a esta irmã algumas coisas sobre seus domínios, irmão. Você permite?
– Não só permito como faço questão de acompanhá-lo pelos meus domínios, que são seus, meu senhor!
– Ótimo. Irá ajudar-me muito no que ela precisa saber, irmão gênio e gênio irmão.
– Por onde desejam começar?
– Mostre-nos alguns dos seres que vivem aqui, gênio irmão.
– Imediatamente, meu senhor.
Com um gesto de mãos, ele fez muitos seres se aproximarem. Aí pedi:
– Irmão, mostre a essa nossa irmã do que se alimentam esses seres.
Ele, que é dotado de um poder imenso, mostrou-nos qual era o alimento dos seres que ali viviam: fios, antes invisíveis aos nossos olhos, tornaram-se visíveis, e vimos que se ligavam a seres humanos encarnados.
Após uma contemplação mais apurada, vimos que eram pessoas que vibravam sentimentos negativos, mas só para eles mesmos, pois eram pessoas pessimistas, frustradas, desanimadas, apáticas, etc.
Aí falei:
– Amada irmã, agora que viu o invisível, o que tem a dizer?
– Bem, aqui eu vi espíritos reduzidos a manchas escuras, pois foram absorvidos pelos sentimentos que alimentaram na carne. E os vejo alimentarem-se das energias negativas geradas e irradiadas por espíritos encarnados. Isso eu já conhecia dos vampiros das trevas.
– Mas aqui não se trata de um vampirismo, irmã amada. Os espíritos que vivem aqui são absorvedores das energias negativas geradas no meio material humano. São seres reduzidos a um "sentimento", e que "limpam" o meio "carnal" das energias negativas que, se permanecessem lá, iriam desestabilizar as pessoas que lá vivem em harmonia. E digo mais: esta esfera extra-humana é uma região de descarga das energias lá geradas pelos espíritos encarnados.
– Bem, assim é, chanceler.
– Quer ver mais alguma coisa por aqui?
– Por quê? Ainda tem mais coisas para me mostrar?
– Temos mais setenta e seis esferas extra-humanas para visitar, irmã amada. E cada uma delas possui seus mistérios e suas razões para existir.
– Eu não quero ver mais nada, chanceler.
– Agora não posso deixar de visitá-las.
– Ora, Por quê?
– Se adentro uma delas, todas sou obrigado a adentrar.
– Por quê?

– Por causa do mistério que me envolve e permite que eu as adentre e nada sinta ou sofra além da angústia de ter de ver espíritos, outrora formosos, agora reduzidos a míseros sentimentos negativos.

– Que mistério o envolve, chanceler?

– O mesmo que a está sustentando aqui.

– Mas que mistério é este? É isso que quero saber, ora!

– Como posso saber? É um mistério, e pronto!

– Ande logo, chanceler!

– Por que a pressa?

– Algo o aguarda fora dessas esferas.

– Bem, já que tem pressa, vamos ser rápidos.

Despedi-me do gênio Guardião da primeira esfera extra-humana, e fomos à segunda, depois à terceira... quarta... quinta...

Quando chegamos à trigésima, aquela criatura não só segurava minha mão como estava agarrada ao meu braço, pois, à medida que as esferas se sucediam, ela via mais horrores, e mais horrorosas elas eram. Os seus olhos, antes rubros, naquela esfera já estavam opacos. Ela então pediu-me:

– Leve-me de volta aos meus domínios, chanceler!

– Mas ainda faltam quarenta e sete esferas, irmã amada. E você sabe que não posso recuar agora!

– Eu já não suporto mais a visão de tantos horrores, chanceler.

– Só está tendo visões de horrores humanos, irmã amada. Nada mais do que humanos são os horrores que estão sendo mostrados a você.

– A ideia de inferno, de trevas ou seja lá o nome que deem ao lugar onde vivo, não é nada se comparada ao que já vi. Para mim já chega, chanceler!

– Sinto muito, mas não posso retroceder agora. Ou avanço até a 77ª esfera extra-humana ou estaciono nesta.

– Não resistirei, chanceler.

– É claro que resistirá.

– Não resistirei! – insistiu ela. Olhei mais uma vez para os seus olhos e os vi vazios e sem coloração de qualquer matiz. Então sugeri que se abraçasse ao meu corpo, pois se sustentaria melhor, e poderia recostar seu rosto em meu peito. Com isto feito, avançamos rumo a outras esferas extra-humanas.

Aqui abro um parêntese no meu relato para poder esclarecer um pouco o que são essas esferas extra-humanas.

De início, digo que elas estão além do que definimos, por comodidade e ignorância, de inferno ou trevas, ou mesmo baixo astral. Elas têm acesso à dimensão humana da vida, pois são absorvedores das energias negativas geradas no meio material ou espiritual negativo (inferno). Nelas não existem outras energias além das geradas pelos sentimentos negativos vibrados pelos espíritos humanos, encarnados e desencarnados.

Quanto aos espíritos recolhidos nelas, só o são por causa do magnetismo nelas existente. Esse magnetismo atua segundo a lei das afinidades, e quando um espírito reduz-se a apenas um dos seus sentimentos, é puxado para elas e nelas passa a viver. Mas, não possuindo mais uma forma humana, pois foi reduzido a um sentimento e, mesmo aquela forma que sustenta as aparências humanas, nelas é destruído totalmente.

Nas esferas extra-humanas os espíritos são reduzidos a "manchas" que, por causa da auto-obsessão, são impermeáveis a qualquer abordagem por meio da comunicação humana, seja ela mental ou sonora.

Se me fosse possível compará-los com alguma coisa conhecida na ciência humana, então eu diria que eles se parecem com micro-organismos tais como as bactérias, os vírus ou os fungos, pois são guiados unicamente por um único objetivo: absorver certos tipos de energias negativas.

Enquanto avançávamos nas esferas extra-humanas, meus olhos iam se acostumando às manchas energéticas dos, outrora, espíritos humanos, e aquela minha já antiga agonia, sufocada com as minhas visões de beleza ideais aos meus olhos, retornava. Eu estava descobrindo segredos antes nunca revelados a um ser humano.

Aqui fecho o parêntese e retorno à minha história.

Quando adentramos a esfera de número 77, minha acompanhante já não via mais nada. Estava mole como um trapo molhado. Eu a sustentava em meus braços e a mantinha bem junto do meu peito, por onde fluíam energias que a sustentavam. Quando vi o que ali precisava ver, e me despedi do septuagésimo sétimo gênio Guardião das esferas extra-humanas, algo começou a plasmar na minha frente.

Recuei dois passos e aguardei para saber do que se tratava, pois meu ser imortal vibrava diante daquela condensação energética tão estranha e tão diferente de tudo o que até então eu conhecia.

Aos poucos a densidade energética tornou-se tão intensa que temi ser esfacelado em mil pedaços, mas procurei me acalmar, pois se eu havia chegado até ali sem que nada me acontecesse, então nada naquele momento iria me acontecer. E quando fiquei mais calmo, do interior daquela gigantesca condensação energética, uma voz falou-me:

– Eu o esperei por milênios, criatura do Criador!

– É, acho que sim – respondi calmamente.

– Por que acha que o esperei? – inquiriu-me aquela voz.

– Bem, eu não tenho muita certeza, mas acho que tenho adiado por milênios esse encontro, poder vivo da criação.

– Já me identificou?

– Sim, senhor, poder vivo da criação.
– É o primeiro ser humano que alcança o limiar do incognoscível.
– O que existe além da 77ª esfera extra-humana, poder vivo da criação?
– Deseja, realmente, saber?
– Não, senhor. Já conheci demais e encontro dificuldades em suportar e conviver com tudo o que já sei. Ou paro por aqui ou serei lançado ao nada.
– Então aqui está a fronteira do seu poder e dos seus desejos, certo?
– Sim, senhor, poder vivo da criação.
– Aprecio um ser que sabe quando esgotou sua capacidade de absorver conhecimentos, emoções e visões. Significa que agora você está apto a servir ao poder da criação.
– No que poderei ser útil ao poder da criação, poder vivo da criação?
– Na sua linguagem humana, como me identifica?
– Eu o identifico como a manifestação do poder criador que atua por meio das energias chamadas de negativas por mim.
– Não sou o demônio?
– Não. Não é o demônio.
– Talvez eu seja o diabo.
– Também não é isso.
– Então o que sou eu para você?
– Se me fosse possível defini-lo, eu o definiria como o Senhor das Trevas, aquele que é como é porque é como é.
– Então, assim eu sou porque assim sou eu.
– Que assim então seja para mim.
– Por ainda pensar e agir com seus sentidos humanos, não deseja idealizar-me segundo suas concepções humanas?
– Não.
– Por que não?
– Eu não poderia dar uma forma humana a um poder, pois poder é algo sem forma definida. Logo, é o que é: poder!
– Então, para você não tenho ou terei forma. Sou o que sou: um poder vivo da criação!
– Sim, para mim é assim que é. Um poder vivo da criação, para mim, sempre será.
– O que viu até que chegou no limiar do incognoscível?
– Coisas humanas, seres humanos e acontecimentos humanos.
– Então já sabe que os seres implacáveis que perseguem os espíritos que vivem no plano material ou no espiritual nada mais são do que seres humanos, correto?

– Isso é uma verdade. O que comumente são chamados de demônios, ou de qualquer outro nome, nada mais são que seres humanos que se alimentam energeticamente nas fontes energéticas dos "sentidos" negativos, ou sentidos das trevas ou do mal, como são comumente chamados. Eu vi como tudo se processa e não tenho palavras para expressar o que vi. Apenas posso dizer que sei porque sei, e nada mais.

– Pois é assim que tem de ser. Certas coisas são como são, e não podem ser descritas, porque são como são. E, se não podem ser descritas, então continuarão a ser como são: inimagináveis.

– É. Continuarão a ser como são, e de nada adiantaria eu tentar modificá-las com uma descrição. Logo, que cada coisa seja como é, pois sei que, de outra forma, nada seriam.

– Não tem mais o desejo de modificar o que é pois, se é como é, é porque tem de ser como é?

– Não, senhor, poder vivo da criação.

– Eu aprecio um ser que alcança o limiar de sua evolução humana. E você alcançou seu limiar.

– Se o alcancei, então o alcancei.

– Ninguém o alcança só porque o alcançou.

– Não?

– Não. Um fim o aguarda nesse limiar.

– Que fim é esse?

– Um começo.

– Que começo?

– O começo de algo extra-humano.

– Isso me assusta.

– Todo começo é assustador. Mas como todo começo, tem de ser iniciado.

– Tem de ser iniciado?

– Sim.

– Retroceder...

– Nem pensar.

– Compreendo.

– Eu sei que compreende, pois, se não estivesse apto a compreender, até aqui não teria chegado. Logo, seu começo é chegado.

– É possível iniciar alguém como eu?

– Como você é?

– Eu sou como sou: um ser humano movido por sentimentos humanos. É assim que sou, poder vivo da criação.

– Então, você será iniciado como é nesse seu começo. Será um iniciado humano e um ser humano iniciado. Pois, só sendo assim, assim poderá começar a servir à criação.

– Como servir à criação se me sinto tão vazio e agoniado?
– Qual é o oposto do vazio existencial?
– A plenitude existencial.
– E da agonia existencial?
– O êxtase existencial.
– Então será por essa via que iniciará seu começo.
– Não o compreendo, poder vivo da criação.
– Então lhe digo assim: seu começo se iniciará na plenitude do êxtase, em que um ser se sente pleno e livre de sua agonia existencial, gerada a partir de seu vazio existencial.
– Compreendo.
– Pronto para começar sua iniciação?
– Eu ainda estou no meio de um processo iniciático humano.
– Eu sei.
– Então, como iniciar alguma coisa se ainda estou no meio de outra?
– Esse começo independe do que você realiza nesse momento. Mas a finalização do que agora realiza depende da sua iniciação nesse seu começo, que será um fim em você a partir de sua iniciação nesse seu começo.
– Se assim é, então que assim seja.
– Assim será!

Bem, o fato é que ali, no limiar do incognoscível, fui iniciado, e dei início ao meu começo, que um fim em mim mesmo iria me tornar.

Como foi minha iniciação?

Bem, isso nem eu mesmo poderia dizer, pois certas coisas são como são, e não podem ser descritas, exatamente porque são como são.

Mas posso revelar com palavras que, se antes minha mão esquerda estava marcada por um símbolo, agora ela possuía o poder de absorver energias em tão grande quantidades que eu poderia absorver todo um plano da vida nas esferas negativas, e nada mais sentiria além de um leve formigamento no meu antebraço.

Também recordo-me das palavras daquele poder vivo da criação, por mim chamado de Senhor das Trevas: se você odiar alguém, esse alguém será odiado pelas trevas. Mas se alguém o odiar, esse alguém será odiado por mim, e só deixarei de odiar esse alguém quando ele deixar de odiá-lo.

Ainda lembro do que ele me respondeu quando perguntei:

– Por que tem de ser assim?
– Porque assim é. Quem odeia a face luminosa da criação me irrita e faz com que eu volte-lhe a minha face sombria, coberta por um manto de ódio, que o envolve e o lança no meio do ódio que vive nas sombras.
– O que acontece com aqueles que o odeiam?
– Revelo a eles a face do meu ódio e os levo à loucura.
– Isso merece meditação, poder vivo da criação. Pena...

— Pena que tolos não meditem nem reflitam, certo?

— Sim, senhor, poder vivo da criação. Vou meditar e refletir muito sobre tudo e todos.

— Assim seja, e assim será, iniciado num começo, que um fim em você mesmo o tornará.

— Assim serei.

— Então, sempre terá tempo de meditar e refletir sobre o que, em você, sempre será um começo para alguém. Mas nunca poderá negar um começo a alguém, pois, para esse alguém, você sempre será para ele apenas um começo. Nunca um fim em você mesmo!

— Compreendo.

— Então, dê um fim ao que está por terminar.

— Assim farei, poder vivo da criação.

Bem, aquela condensação energética se diluiu num piscar de olhos, e eu retornei ao plano material, trazendo em meus braços aquela criatura que havia prometido me destruir. E, quando a legião que a acompanhava e que havia permanecido à nossa espera a viu naquele estado, desapareceu num piscar de olhos.

A sós, e contemplado o raiar do dia, pois amanhecia, estendi o braço direito e recolhi minha espada, envolta pela capa negra. Volitei até um lugar localizado em um plano espiritual e depositei aquela criatura amada sobre uma relva macia e verdejante.

Após contemplá-la por um bom tempo, e refletir muito sobre como dar um fim ao que com ela havia iniciado, achei que só havia um meio. Adentrei seu mental, seu racional e seu emocional e a trouxe de volta à consciência. E quando ela abriu seus olhos, penetrei-a visualmente até alcançar um ponto equilibrado.

Então, tomei-a em meus braços e envolvi-a com tanta intensidade que deixei-a totalmente irradiada por minhas energias. E quando vi que ela se debatia em meio a um turbilhão de sentimentos contraditórios, adentrei o seu sétimo sentido da vida, e a possuí com intensidade até vê-la explodir num êxtase tão intenso, mas tão intenso, que mesmo que eu desejasse afastá-la não poderia, pois estava unida a mim em todos os sentidos. E só relaxou quando transbordou como uma fonte poderosa, que absorvi totalmente até que adormecesse em meus braços.

Ainda permaneci mergulhado naquela fonte por um bom tempo antes de soltá-la dos meus braços e acomodá-la em seu sono profundo.

Foi longo o seu sono e ela, quando acordou, ainda se sentia sonolenta. Mas pouco a pouco foi reassumindo o domínio dos seus sentidos e perguntou-me:

— Onde estou?

— Em um lugar onde ninguém nos incomodará.

– Por que me trouxe até aqui? Poderia ter-me abandonado em alguma daquelas esferas extra-humanas.

– Eu nunca faria isso contigo.

– Por que não?

– Eu a amo demais para fugir ao meu destino. E, como um dia eu a recusei, agora tento corrigir-me aos seus olhos. Só espero que ainda não esteja possuída por aquele desejo de me destruir.

– Fui uma tola. Eu jamais poderia destruí-lo.

– É. Você não poderia, pois se tivesse me tocado com intenções negativas, teria sido reduzida a um ovoide humano.

– Quem o dotou de um poder tão magnífico?

– Não sei ao certo. Mas isso aconteceu quando eu vivia no corpo carnal e fui iniciado nos mistérios das energias vivas. A partir dali, tornei-me absorvedor das energias irradiadas contra mim, que depois as descarregava lentamente. Mas, se assim era, isso se devia ao meu corpo carnal, que as retinha. Hoje isso já não acontece mais pois, assim que as absorvo, irradio-as através de determinados pontos de força existentes em mim que são específicos para tal função. Logo, quando alguém vibra contra mim, passo a absorver todas as energias desse alguém até enfraquecê-lo em todos os sentidos, sendo que isso ocorre naturalmente. Mas caso eu deseje, posso realizar essa operação energética num piscar de olhos.

– Eu nunca o destruiria, e você sabia disso o tempo todo, certo?

– Isso mesmo.

– Por que, seguindo uma lógica que me escapa, foi-me conduzindo numa sequência em que a violência, o horror e a insensibilidade se intensificavam num crescendo contínuo?

– Minha intenção era mostrar-lhe que tudo é facultado ao ser humano que abandona Deus e anula em si o que D'Ele recebemos e possuímos em nós mesmos.

Em momento algum mostrei-lhe seres que não fossem humanos, ainda que estivessem desumanizados. E, como tal, cometiam e cometem erros em muitos ou todos os sentidos, tal como eu, que já os cometi e muitos mais ainda cometerei.

– Até aí, consigo compreender. Mas por que ir até às esferas extra-humanas?

– Eu tinha a esperança de fazê-la mudar de ideia quando conhecesse o que a aguardava se avançasse sobre mim com o intuito de me destruir.

– Eu seria puxada para alguma delas?

– Seria.

– Quem faria isso comigo?

– O gênio Guardião da 77ª esfera.

– Por quê?

– Isso não posso revelar. Apenas digo que é uma das funções dele retirar do meio espiritual todos os que excedem seus limites humanos.

– Devia ter-me deixado cumprir o meu destino, chanceler.

– O que eu ganharia com isso?

– Ficaria livre de uma perseguidora implacável.

– Você não é isso, querida irmã. Apenas acreditou por muito tempo que era uma perseguidora implacável. Mas, na verdade, é só um espírito que perdeu o amor por ter-se deixado dominar pelo ódio, gerado num dos seus sentidos negativos e alimentado pelos seus sentimentos de ciúmes.

– Eu odiava os homens, chanceler.

– Não odeia mais?

– Não estou certa dos meus atuais sentimentos.

– Pois lhe digo que, se fomos criados com sexos opostos, no entanto, só nos completamos com nossos opostos sexuais. Quando temos plena consciência dessa verdade, passamos a respeitar muito mais o Criador, e admirar a perfeição das Suas criações, pois descobrimos que ninguém se completa em si mesmo. E, a partir daí, deixamos de desejar a destruição de quem quer que seja, pois descobrimos que se não completamos ou somos complemento de alguém que amamos ou desejamos, certamente esse alguém completa ou é complemento de alguém que ama ou deseja.

Nós não temos o direito de privar alguém da sua plena felicidade no amor ou dos mais humanos desejos que porventura esteja vibrando. Eu, quando digo amor ou desejo, não me refiro só às coisas do sexo. Digo isso de uma forma abrangente que envolve todos os sentidos e os sentimentos que os ativam e os tornam geradores de ações que enobrecem o ser humano e engrandecem a humanidade.

– Sentimentos esses que, por acaso, foram alimentados por um certo filósofo que preferia passar horas, ou mesmo dias, em meio a outros iguais a ele, em discussões intermináveis, quando muito mais agradável lhe teria sido se dedicasse uma parte ínfima do seu tempo com uma jovem que nutria verdadeira paixão por ele? – perguntou-me ela.

– As coisas são como são e, depois de acontecidas, não adianta lamentá-las, por mais doloridas ou insatisfatórias que tenham sido.

– Afirma que não vale a pena lutarmos por quem nos atrai com tanta intensidade que nossa paixão nos leva à loucura?

– Isso mesmo. Só devemos lutar pelo que está ao nosso alcance ou nos envia sinais de que deseja ser conquistado. Do contrário, são lutas inglórias que só nos conduzem a sofrimentos ainda maiores.

– Eu gostaria ao menos de saber o porquê de você me recusar, quando apenas alguns momentos contigo teriam me proporcionado um prazer imenso.

– Depois de provar de um prazer imenso, acredita que só alguns momentos a teriam satisfeito?

Após meditar um pouco, ela respondeu-me:

– Não, não ficaria satisfeita...

– Logo, de qualquer jeito ficaria insatisfeita porque eu nunca conseguiria satisfazê-la totalmente. Mas seu pai teria ficado insatisfeito, pois ele me venerava muito por causa dos princípios que me sustentavam e me sustentaram até na minha agonia final. Ou você nunca meditou isso em seus momentos de reflexão?

– Nunca pensei nisso, chanceler. Ou devo chamá-lo de filósofo?

– Se um dia fui um filósofo, já não sou mais. Hoje, com todas as encarnações passadas adormecidas, mas vivas, limito-me a constatar que depois que as coisas acontecem, não podem ser alteradas. Mas, se apesar de todo nosso esforço em contrário para que não acontecessem, ainda aconteceram, então é porque não importaria a alternativa pela qual tivéssemos optado porque, no fim, o resultado seria o mesmo.

– O que o leva a acreditar que assim seja?

– Eu tinha que seguir a minha caminhada e você a sua. Ou acha que foi uma simples recusa de um homem em possuí-la como amante que a conduziu até onde foi parar? Não lhe ocorre que tenha acumulado um magnetismo negativo muito denso e a Lei a tenha usado para executá-La nos seus semelhantes que ultrapassaram limites preestabelecidos por Ela como limites humanos?

– Terá sido essa uma das razões de minha queda?

– Eu não tenho certeza. Mas, quem irá punir aqueles seres humanos que se matam em nome de Deus?

– Outros seres humanos.

– Quem punirá os assassinos que destruíram aquele lar?

– Seres humanos.

– E àqueles espíritos que obsediavam aquelas jovens no prostíbulo?

– Seres humanos, certo?

– Isso mesmo. Sempre são seres humanos que punem outros seres humanos. Nós erramos e temos de reparar nossos erros. Nós pecamos e temos que nos purificar dos nossos pecados. Nós falhamos e temos, por obrigação, o dever de eliminar as causas de nossas falhas, assim como os seus efeitos decorrentes. A causa está no princípio das coisas e o efeito, no meio delas. No fim, só deve restar a harmonia entre os seres.

– Como devo julgar-me ou aceitar-me caso acredite no que você afirma?

– Você, de uma forma não facilmente aceita, foi o ser ideal para assumir aquele domínio nas trevas. Possuía um acúmulo de energias negativas tão denso que a Lei a entronou como Sua executora nas trevas. Se você atormentou espíritos até eles se exaurirem, tenha certeza de que não foi em vão. Eles também haviam excedido seus limites humanos. Ou alguém os anulava ou continuariam a praticar ações negativas por tempo indeterminado.

E, se há uma lei que diz que os semelhantes se atraem, várias outras, muito parecidas, também existem. E uma delas diz que os semelhantes se punem quanto aos débitos de uns para com outros semelhantes.

– Devo aceitar-me como uma punidora de débitos alheios, chanceler?

– Não digo que esta seja a melhor definição para você.

– Qual seria a melhor definição para mim, chanceler?

– Defina-se como um instrumento da Lei nas trevas, e não estará distante da verdade, querida irmã.

– Preciso refletir sobre isso, e sobre muitas outras coisas mais.

– Quais?

– Por que recuperei essa aparência humana que possuí quando vivi no corpo carnal, e isso, há mais de vinte e três séculos?

– Eu a resgatei do seu inconsciente e, a partir dessa sua aparência, a amei como nunca antes a havia amado.

– Amou-me?

– Ainda a amo.

– Muito mesmo?

– Muitíssimo. E espero nunca mais deixar de amá-la como irmã, mulher e serva do nosso Senhor, que Está presente tanto na Luz como nas trevas.

– Não sei ao certo como você age, chanceler. Mas uma coisa, eu sei: você alterou alguma coisa em mim, pois já não consigo odiá-lo.

– Se não me odeia mais, então porque não começa a me amar?

– Como?

– Com esse seu amor, com seu belo corpo e com um sorriso de alegria por termos sido capazes de superarmos uma discórdia que já se perdeu no passado.

– Belo corpo, é? – perguntou ela, com um sorriso nos lábios, muito tentadores.

– Muito belo mesmo, querida.

– Seus olhos, com esse brilho, dizem-me que você não resiste a um belo corpo de mulher, chanceler.

– Não resisto mesmo.

– Onde está aquela sua resistência aos encantos das mulheres, filósofo?

– Morreu envenenada por uma taça de cicuta, querida.

— Hummm... Então, vamos dar um viva à morte dessa sua tenacidade, filósofo!

— Um viva?

— Sim, pois nesse momento presumo, pelo que meus olhos veem, que ostenta o mais apreciado dos galanteios aos encantos femininos. E com esse seu tão atraente galanteio, só se eu fosse tola para não sucumbir aos seus encantos.

— Eu aprecio uma mulher inteligente, minha amada!

— Sou sua amada ou mais uma delas?

— As duas coisas. Ou algo a impede de ser minha amada, e mais uma das minhas amadas?

— Nada me impede, chanceler. Já compreendi que, se não posso destruí-lo, então o melhor que tenho a fazer é começar a possuí-lo por partes. E nada melhor que começar por esta que está se insinuando tanto para mim neste momento!

Aquela criatura possuía uma inteligência tão apurada que, ou eu a subjugava à minha vontade, ou logo eu a teria novamente contra mim.

E foi o que fiz, com muito prazer, devo salientar, pois a natureza esquiva que ela possuía, juntamente com um dos mais atraentes corpos femininos que eu já vira, aliada à sua beleza clássica, tornavam-na um objeto dos meus desejos. E se nada me impedia de possuí-la intensamente, eu a possuía, possuo e sempre a possuirei, enquanto me for permitido.

Chegou um momento em que ela me abraçou com ternura e falou-me:

— Amado meu, você é único. Sou toda sua!

— Só será minha quando estiver amando-me com a mesma intensidade que a amo, querida e amada mulher.

— Mas eu estou amando-o além dos meus limites, querido.

— Não me refiro a esse amor. Quando falo de amor, refiro-me a um querer vê-la bem, satisfeita e feliz. O amor que sinto só deseja coisas boas para você.

— Eu também desejo isso a você, querido ser que me envolve toda e me faz vibrar num êxtase tão intenso que não me é possível descrevê-lo. O que sinto, se não for amor, o que será?

— Por enquanto é só uma admiração e uma sensação de gratidão pelo prazer que sente ao meu lado.

— O que é o amor, querido?

— Para mim o amor é a sublimação dos desejos. E quando acontece essa sublimação, então deixamos de nos preocupar com nós mesmos e começamos a nos doar ao(a) nosso(a) bem-amado(a).

— Tenho muito a aprender contigo, filósofo.

— Não sou mais um filósofo. Apenas amo a vida, e vivo minha vida segundo minha concepção do amor. Eu, por causa dessa minha concepção, amo a todos, ainda que em alguns casos, os sentidos desse meu amor sejam mais pessoais, abrangentes e envolventes.

— Só de ouvi-lo, já sinto vontade de amá-lo intensamente, querido.

— Algo a impede de fazê-lo?

— Nada me impede.

— Então...

O fato é que o tempo foi passando enquanto nós permanecíamos entregues a nós mesmos. E com o tempo notei que o desejo começou a ceder espaço a outros sentimentos naquela criatura amada. Em dado momento ela perguntou-me:

— Por que você abandonou seus afazeres junto a suas outras amadas?

— Por nós dois, querida.

— Só por isso?

— Acha pouco o que fizemos juntos?

— Mas nós só temos nos amado como dois seres insaciáveis.

— Eu não acho que foi isso que fizemos ou estamos fazendo.

— Não?

— Não mesmo. Você já não se lembra de como foi nosso reencontro há algum tempo? Não percebe que, juntos, transformamos um sentimentos negativo em outro, oposto e positivo?

— É, isso fizemos mesmo. Hoje, não só não desejo destruí-lo, como também o tenho na conta de um ser muito especial.

— Que ser sou eu, amada?

— É um ser que vive nos meus desejos mais íntimos. E tanto vive neles que não há lugar para mais ninguém nesse meu sentido. Você o ocupou por inteiro e me amoldou à sua natureza. Às vezes fico olhando-o e me pergunto por que não percebi antes como você era. E, antes que diga algo, saiba que posso possuí-lo quantas vezes eu quiser, mas nunca será meu por inteiro.

— Logo, sou como sou porque sou como sou.

— Isso mesmo. Por que não me leva às suas outras amadas e me apresenta a elas?

— Como?

— É. Apresente-me como mais uma pérola do seu colar, ou como mais um rubi da sua coroa. Sei lá!

— Não sei não. Nenhuma antes sugeriu algo assim.

— Alguém tem de dar início às apresentações, certo?

— Você?

— Eu mesma, ora! Ou acha que estou agindo errado se estou me preocupando um pouco com elas?

— Por que preocupa-se com elas?

— Bem, eu o tenho comigo já há algum tempo. E sinto que estou sendo egoísta em retê-lo só para mim.

— Você não está me retendo. Estou aqui contigo porque quero. E não poderia estar em companhia mais agradável. Acredite-me!

— Eu acredito, querido. Mas não acho certo tê-lo ao meu lado o tempo todo e impedi-lo de ao menos ver como elas estão.

— Você está querendo se livrar de mim?

— Não, não e não! Entenda-me, pois eu só tenho reagido aos seus desejos. E isso não é normal. O que deveria acontecer é eu também desejá-lo!

— Tem razão. Acho que estou excedendo os meus limites. Com isso a estou privando de outros sentidos da vida, que não se resume só ao sexo.

— Não o estou recusando. Mas compreendi que não posso absorver tudo o que você tem a me oferecer nesse sentido. Ou começo a absorver outras coisas ou ficarei paralisada nele. Eu tenho que ver e ouvir outras coisas, senão dentro de pouco tempo nada mais restará de minha natureza humana, tão ativa.

— É, excedi os meus limites, querida e amada irmã do meu coração – murmurei pensativo.

— Não quero vê-lo triste, amado chanceler. Venha, abrace-me com todo o seu amor, poder e vigor.

— Por que, se já anulei seus desejos?

— Eu olho para os seus olhos e me encanto contigo. Então sinto um imenso desejo de alegrá-lo, de fazê-lo vibrar e irradiar esse brilho deles até o mais íntimo do meu ser. Venha, não se preocupe comigo, pois nesse momento só desejo afastar para bem longe essa sombra que começa a se formar no fundo dos seus olhos. Venha!

Bem, eu fui, pois realmente uma sombra estava se formando no meu íntimo. E quando mergulhei naqueles lábios convidativos, foi por inteiro e em todos os sentidos. E pela primeira vez desde que "reencontrara" aquela criatura amada, adormeci num sono profundo, e mais tarde acordei com o gotejar de lágrimas que caíam dos olhos dela sobre meu rosto.

— Por que chora? – perguntei preocupado. – Por acaso a magoei?

— Não diga isso, amor – pediu ela. – Eu o vi como realmente é a partir do momento em que abriu as comportas que bloqueavam o meu acesso ao teu íntimo. Mas, quando finalmente se entregou, descobri que não era humano o ser que me amava. É o anjo que eu sempre amei e desejei e por ignorância persegui e tentei destruir. Você me perdoa?

— Eu não sou um anjo! – exclamei, contrariado.

— É, sim. Perdoa-me?

— Só com uma condição.

— Que condição.

— Você me aceitar como sou: um espírito humano, um homem!

— Quando finalmente o vi e comecei a compreendê-lo, nega-me essa alegria e satisfação?

– Não estou negando nada. Apenas não vou permitir que comece a dizer que sou um anjo, o que não sou.

– Por que você não se aceita como um anjo, se quando finalmente libertou-se dessa sua aparência humana, explodiu num turbilhão de energias coloridas que me envolveram totalmente e me conduziram a um êxtase total? Por que se oculta na aparência de um homem se eu o vi na forma de um anjo muito lindo?

– Eu não sou um anjo – insisti.

– Pois lhe digo que já vi muitos anjos, amado! Eles, às vezes, intervinham em algumas de minhas ações, e não se ocultavam atrás de aparências humanas, para que eu os respeitasse.

– Eu...

– Não precisa justificar-se para mim, pois nada sou diante do seu grau, beleza e esplendor.

– Não diga uma asneira dessas. Eu a considero uma criatura maravilhosa, um espírito forte e uma mulher encantadora, além de amá-la muito em todos os sentidos. Para mim você é alguém muito especial, amada criatura! Só não diga que sou um anjo, está bem?

– Se assim deseja, respeitarei sua vontade, mas, para mim, você sempre será o anjo de minha vida.

Após sustentar o olhar daqueles olhos que tanto me atraíam, desviei os meus para o infinito e nada mais falei. Ela também se calou, mas apertou meu rosto contra seu peito e começou a soluçar alto até que um choro forte sacudiu-a toda. Tentei afastar meu rosto, mas ela apertou-me ainda.

Entendi que finalmente ela despertava para a vida e também derramei lágrimas, mas, ao contrário das dela, as minhas eram de alegria pelo verdadeiro despertar de mais um ser humano para a vida. E só parei de derramar lágrimas quando ela, com delicadeza, beijou meus olhos ternamente e falou num sussurro:

– Só os anjos derramam lágrimas quentes. E as tuas são tão quentes que, ao correrem entre meus seios, aquecem todo o meu corpo. No seu calor, toda a frieza que havia em meus sentimentos foi anulada. Eu o amo, meu querido anjo.

– Ama-me de verdade?

– Não duvide disso, querido. Jamais disse isso com tanta certeza e convicção. Não imagina o quanto o amo!

– Ah, minha amada irmã, e amada filha do meu Senhor, como é agradável aos meus sentidos sentir essa energia deliciosa que me irradias! Como é delicioso ser acariciado pelas energias irradiadas pelo seu mais puro sentimento de amor!

– Você permite que o acaricie com todo o amor que sinto por você?

– Algo mais extasiante não conheço, amada mulher!

— Como o amo, anjo de minha vida! – exclamou aquela criatura amada, já me envolvendo todo com suas irradiações do mais puro sentimento de amor.

Mais tarde, ainda abraçados, ela murmurou no meu ouvido:
— Sinto-me completa ao seu lado.
— Não poderemos permanecer aqui eternamente, querida.
— Eu sei. Mas também sei que o que nunca tive antes, de agora em diante nunca mais deixarei de ter.
— O que você antes nunca teve?
— Alguém para amar. Agora tenho você para amar, e não importa onde venha a estar, sempre estará recebendo as vibrações irradiadas pelo amor que sinto por você.
— Mesmo que eu venha a estar nos braços de outra?
— Se você estiver nos braços de outra, mais intensamente sentirá minhas energias fluírem nos seus sentidos do amor.
— Um dia meus sentidos não resistirão a tantas irradiações dos meus amores. Ainda acabarei explodindo, querida.
— Ótimo! – exclamou ela, rindo gostosamente.
— Ótimo? Digo que explodirei e você sorri satisfeita? É assim que me ama?
— Ora, anjo amado! Eu só quis dizer que aí não poderás ocultar-se mais sob essa aparência humana. E aí, o meu amor terá de se mostrar como realmente é: o meu anjo amado!
— Até quando vou ter de corrigi-la de que não sou um anjo?
— Até que explodas de tanto amor por você e a você irradiado por tuas amadas. Daí em diante não poderá negar para si mesmo a sua condição de anjo da Vida. Da nossa Vida!
— Ah, deixa prá lá! Você nunca acreditará que não sou um anjo, assim como nunca me fará acreditar que alguém, tão humano como eu, possa ser um anjo, certo?
— Certo. Mas que você é um anjo, ah, isso é!
— Onde está a mulher inteligente que amei assim que a vi surgir diante dos meus olhos?
— Bem aqui, aninhada em teus braços e envolta pelas suas asas douradas, meu amor. E sentindo um latejar muito gostoso entre as...

Bem, eu a calei com um beijo, pois também estava sentindo um latejar gostoso nela. E dali eu não teria me afastado se ela não tivesse dito:
— Sabe, eu estou sentindo uma vontade de visitar o meio material!
— Verdade?
— Claro que sim. Você me leva até ele?
— Agora?
— Sim. Ou não está com saudades de ver como vai a humanidade?

– Bem...
– Vamos ou não?
– Tudo bem, vamos até lá. Mas não nos demoraremos, certo?
– Certo. Mas antes, terá de me vestir.
– Por quê?
– Você aprecia este meu corpo?
– Você sabe que sim.
– Então terá que cobri-lo, pois só para você meu corpo sempre estará descoberto.
– Isso é tolice, querida!
– Para mim, não é! Jamais me senti como agora estou me sentindo. E se isso tudo tem a ver com o prazer que esse meu corpo proporciona aos seus sentidos, então só aos seus olhos meu corpo será visível. Eu me sinto toda sua, e só de pensar que sou sua, já sinto um imenso prazer. E isso não tem nada a ver com inteligência, querido. É um sentimento meu. Compreende?
– É claro que a compreendo. Ainda que você se imponha restrições, permanece a nobreza nos seus sentimentos. Isto se chama fidelidade a um homem.
– É isso mesmo. Se me sinto sua, e desejo ser só sua, então por que outros haverão de ver o que me dará prazer se for contemplado pelos seus olhos?
– Então, que seja feito esse seu desejo, amada! – exclamei, já vestindo-a com uma veste que a cobriu de alto a baixo. Mas ela ainda pediu-me:
– Vista-me com aquelas peças íntimas que os espíritos femininos encarnados costumam cobrir certas partes de seus corpos, querido.
– Por que, se aos meus olhos você sempre estará descoberta?
– Eu sinto um desejo imenso de me banhar. E com essa veste energética não sentirei as energias irradiadas pelas águas. Então, caso eu venha a despi-la, ainda assim não estarei nua.
– Que mente! Você pensa em tudo, não?
– Penso, sim. Agora, vista-me intimamente!

Deixamos aquele lugar encantador e volitamos direto para o meio material humano, onde mais ela desejava: um lago.

Ela entrou nele e absorveu as suas irradiações energéticas aquáticas. Quando se sentiu satisfeita, caminhamos devagar por uma estrada, como se fôssemos espíritos encarnados.

A todo momento eu tinha que lhe explicar o que eram as coisas que ela desconhecia, pois havia passado muito tempo alheia ao plano material da vida. E quando chegamos a uma cidade, e ela viu tantos espíritos vagando pelas ruas semidesertas àquela hora da noite, perguntou-me:

– Isso não devia ser assim, devia?

– Se assim é, é porque assim tem de ser. E se assim não fosse, nós aqui também não poderíamos estar, certo?

– Tem razão. Acho que passei muito tempo arrastando para as trevas os espíritos que eu acreditava não merecerem outro lugar para viver. Fiz muito mal, creio eu.

– Está errada. O que acredita ter sido um mal, na verdade foi um bem, ou melhor, vários bens numa ação só.

– Por quê?

– Bem, primeiro você retirava do meio material os espíritos que não mereciam permanecer nele. Segundo, ao serem arrastados para a escuridão, eles começavam a ter a noção de como a vida, aqui, havia sido generosa para com eles. E terceiro, a partir das tuas ações "más", eles podiam ter a noção real do mal e do bem, e assim despertar para a luz da razão.

– Se assim foi, então o mal se justifica?

– Não. O mal nunca se justifica por si só, pois o mal absoluto não existe.

– Não?

– Não mesmo. Todo mal é relativo, pois ele só existe em função da não aceitação do bem como via de evolução do ser humano. E, quando o mal surge na vida de um ser, ou no meio de uma coletividade, é porque ali já havia uma ausência do bem ou de um bem humano. O mal só surge quando existe um desequilíbrio em algum dos sentidos da vida, que é o bem maior e primeiro das espécies, sejam elas humanas ou não. Ou não é verdade que, para um espírito recém-encarnado e que teve sua memória adormecida, o direito à vida no corpo carnal é seu maior bem? Ele não se lembra de mais nada, mas sente vontade de viver. Ele quer respirar, comer, sentir-se protegido e amado. Enfim, ele quer viver. E isso sem ter ainda noção de si mesmo ou de tudo que o cerca.

Logo, a vida é o bem maior da espécie humana, e de todas as outras.

– E a fé? – perguntou ela, apontando para uma igreja.

– Para mim, é o segundo maior bem dos seres humanos, pois depois de despertar para a vida, começa a busca de sua origem. E só pela fé ele consegue uma resposta que, se não o satisfaz totalmente, pelo menos lhe dá uma certeza: tem uma origem, e ela é divina. A partir dessa certeza é que o real valor da vida pode ser aquilatado pelo ser humano, ainda que os tolos insistam em afirmar que as espécies se originaram da aglomeração de algumas moléculas que deram origem a tão complexos seres. São tão tolos que não merecem minha atenção senão para eu constatar o quanto são ignorantes sobre os princípios da vida. Para mim, só servem para que eu possa ver a quantas anda a ignorância de homens. Esses tolos não veem a vida por meio da vida, e não veem vida além da vida na matéria.

Logo, nada mais lógico e natural do que um dia conseguirem isso vendo-a além da morte, que é um dos meios que a vida dispõe para ensinar os tolos e os ignorantes a respeito dos seus princípios divinos.

– Amado, surgiu algum filósofo com sua grandeza depois de sua morte para o plano material?

– Só um, amada filha! – exclamou alguém às nossas costas. – E ele não era um filósofo, pois era, é e sempre será a própria filosofia da vida e de vida!

Voltamo-nos de imediato e ficamos de frente com o filósofo, o mesmo que eu já havia encontrado algumas vezes.

Mas dessa vez ele não olhava para mim, pois seus olhos, naquele momento lacrimosos, olhavam nos olhos daquela criatura amada que, antes de dizer qualquer coisa, irrompeu num pranto convulsivo ante a visão do seu pai. Mas como ambos permaneciam estáticos pela emoção, falei a ela:

– Amada, por que a demora em se lançar nos braços do único homem que sempre a amou e jamais deixará de amá-la, venha estar você onde estiver?

Nada mais foi preciso dizer para unir pai e filha no mais comovente e emocionante reencontro espiritual de dois seres. Eu me afastei deles, pois as emoções daquele momento lhes pertenciam. Caminhei até uma esquina ocupada por uma gigantesca livraria e comecei a observar as obras expostas nas vitrines. Já ia me afastando quando alguém às minhas costas chamou-me:

– Irmão cristalino? É você mesmo, irmão amado?

Voltei-me e vi o irmão superior, juntamente com vários outros espíritos a olharem para mim, muito emocionados.

– Sou eu mesmo, irmão maior. Como vão todos vocês?

– Muito mais felizes agora que o reencontramos! – exclamou ele, abraçando-me fortemente.

Retribuí o abraço dele e dos outros irmãos que o acompanhavam. E logo começaram as indagações:

– Irmão cristalino, o que tem feito?

– Acho que... Nada... Irmão superior – respondi, cabisbaixo.

– Por onde tem andado?

– Por caminhos antes nunca trilhados por mim.

– Onde conseguiu esta capa, espada e laço?

– Ganhei de um amigo.

– Ele não tinha coisas melhores para lhe dar?

— Esta capa era a única coisa que ele possuía. Ficou sem ela para que eu cobrisse parte do meu corpo, irmão superior.

— Já usou esta espada alguma vez?

— Não, senhor.

— Irmão cristalino, conheço alguém que ainda sente muito a sua partida.

— É. Acho que ela ainda sente.

— Não gostaria de ir ter com ela por um instante ao menos? Tenho certeza de que parte da tristeza dela desaparecerá assim que o vir bem.

— Estou à espera de amigos, irmão maior.

— Nós já realizamos o que nos prendia à crosta terrestre. Logo, não temos pressa e também podemos nos tornar amigos dos seus amigos. Isso é, caso você não se incomode, certo?

— Não me incomodo. Acho até que eles ficarão felizes em reconhecê-los.

— Ótimo!

— É, ótimo mesmo — murmurei, com tristeza na voz. E não demorou muito para que pai e filha, já mais confortados após o reencontro, viessem até onde nós estávamos. Só que o filósofo, assim que viu o irmão superior, abriu os braços e exclamou:

— Mestre! Mestre iniciado! Que alegria reencontrá-lo num momento tão feliz para mim!

— Seus momentos de felicidade são alegria para mim, mestre iniciador. Compartilhe-a conosco, por favor!

— Claro que sim, mestre iniciado. Esta é Melissa, minha filha amada, que finalmente Deus me devolveu.

O irmão superior abraçou a filha do filósofo com carinho e beijou as suas faces, ainda úmidas pelas lágrimas que derramara. Depois, todos os seus acompanhantes a abraçaram com ternura e alegria.

Mas foi nesse momento que algo chamou minha atenção e fiquei alerta em todos os sentidos: um espectro sombrio começou a se formar à nossa volta, como se quisesse nos envolver e bloquear-nos por todos os lados. Um vento forte começou a abanar minha capa e a tornar frio o ambiente à nossa volta. Avancei alguns passos e, contemplando o infinito, vislumbrei o que tanto havia alterado as energias locais: um ser muito poderoso saía de sua dimensão e começava a adentrar o plano material. Levei a mão direita até o cabo da espada. Também foi nesse momento que ouvi o irmão superior exclamar aflito:

— Estamos paralisados! Socorra-nos, amado Deus!

Ainda ouvi várias outras exclamações aflitas em meio àquele desequilíbrio energético, antes de tudo silenciar com a aparição mais aterradora e infernal que meus olhos já haviam visto: todo um domínio das trevas se mostrava aos meus olhos, e era assustador, ainda mais quando quem ocupava o trono principal exclamou:

— Finalmente tenho ao alcance do meu alfanje todos aqueles a quem tanto odeio!
— A quem você tanto odeia, criatura amada? – perguntei calmamente, mas, com a voz firme.
— A todos vocês, vermes humanos.
— Ninguém odeia a todos ao mesmo tempo. Você deve estar confusa ou enganada.
— Nunca me engano quando estou tão lúcida, guerreiro!
— Então só eu sou odiado por você, criatura amada. Apenas estendeu seu ódio a eles. Deixe-os em paz e me leve contigo que saciarei sua sede de vingança e aplacarei seu ódio com o sumo de minha vida.
— Só sua vida não vale todo o ódio que sinto por você.
— Só o seu ódio não anula o amor que sinto por você, criatura amada. E, ou eu a amo com todo o meu amor, agora que a vi, ou me sentirei infeliz por não poder amá-la como antes nunca foi amada.
— Cale-se ou o fulmino imediatamente, guerreiro.
— Não pode destruir-me, criatura amada.
— Posso, sim. E vou destruí-lo!
— Não faça isso ou imediatamente será destronada desse pedestal erigido pelo seu ódio a mim.
— Quem ousará desafiar-me, guerreiro?
— Ele, criatura amada – murmurei olhando para baixo.
— Ele quem, guerreiro? – perguntou aquela criatura, subitamente assustada com o estranho buraco negro que começou a se formar bem à frente do seu trono.
— O que é isto, guerreiro?
— É ele, criatura amada.
— Quem é ele? – perguntou ela, muito assustada, pois o trono começou a vibrar como se fosse se partir em mil pedaços.
— Você não o conhece?
— É claro que não. Que força, é esta que está me envolvendo e me subjugando sem que eu possa ver quem está fazendo isso comigo?
— Acredita que essa força é mais poderosa do que seu ódio, criatura amada?
— Mil vezes mais, guerreiro. Ajude-me ou serei destruída dentro de instantes! – clamou ela.
— Pois lhe digo que essa força, ainda que oposta, não é maior que o meu amor por você. Por que não permite que meu amor a ampare?
— Porque eu o odeio, ora!
— Por que me odeia se eu a amo?
— Por que eu não deveria odiá-lo, guerreiro?
— Porque eu a amo, ora!

– Você está me confundindo.

– Não estou, não. Você já vem confusa desde que se assentou nesse trono erigido pelo teu ódio aos que a amam. É aí que reside toda a sua confusão, criatura amada!

Nesse momento, do interior do abismo que se abrira em torno do trono dela, uma voz com o mesmo timbre de minha voz, mas furiosa, ordenou:

– Pare de sustentá-la, chanceler.

– Não posso deixar de sustentá-la, irmão de baixo.

– Por que não, se ela o odeia?

– Ela só está confusa. Na verdade ela me ama.

– Mas ela ia destruí-lo!

– Acha que ela poderia destruir-me?

– Não, isso ela não conseguiria.

– Então isso comprova que ela só está confusa, irmão de baixo.

– Eu quero levá-la comigo, chanceler.

– Alguma vez o impedi de levar alguém que realmente me odeia?

– Não. E você sabe que não conseguiria impedir-me.

– Então espere até eu aclarar a mente dela e mostrar-lhe que na verdade ela não me odeia, pois o que ela sente por mim é o mais puro amor. E quem ama não pode ser levado para os seus domínios.

– O ódio dela por você me deixa furioso. Preciso aplacar minha fúria!

– Talvez se eu lhe disser que... Ah, deixa prá lá.

– Não deixo não! Isso me agrada muito! – exclamou ele, captando o que eu não falei mas insinuei.

– Não, não. Eu só vou...

– Não vai, não. Eu o sustento enquanto isso! – exclamou a criatura do embaixo.

– Não sei, não. É muito arriscado, irmão de baixo – respondi-lhe.

– Não é, não. Eu garanto, chanceler!

– Todo o risco é meu. Se eu falhar, a culpa será só minha.

– Que culpa se, pela Lei, já era para ela estar comigo?

– A Lei me culpará se eu falhar.

– Tudo bem. Eu assumo a culpa caso seu plano venha a falhar.

– Mas aí, ainda me restará o remorso, criatura amada.

– Remorso não dói tanto quanto culpa, chanceler do amor.

– Dói, sim.

– Vou sentir muito se você falhar com ela, chanceler.

– Quem me justificará caso eu falhe?

– Tudo bem, tudo bem! Eu lhe darei razões, as mais humanas possíveis, caso eu venha a falhar com ela. E aí, não terá tempo para ruminar o seu remorso.

– Mas é muito arriscado, sabe?

— Eu corro os riscos, pois, se você falhar, minha fúria não será aplacada. E você sabe que de agora em diante só uma coisa conseguirá aplacá-la!
— É, eu sei.
— Como será, então? O tempo já se esgotou há muito tempo, chanceler!
— Tenho alternativa?
— Não, você não tem.
— Está bem, eu a assumo no seu lugar, irmão de baixo.
— Ótimo!
— É ótimo, sim. Só não sei aonde isso me levará.
— Eu sei.
— É, você sabe de coisas que não sei. Mas... paciência, certo?
— Isso mesmo.
— Quanto tempo tenho para aplacar sua fúria?
— Todo o tempo de que precisar e nem um segundo a mais.
— Mas isso poderá demorar uma eternidade!
— Então terá só uma eternidade, e nem um segundo a mais. Está bem para você?
— Assim está.
— Ótimo. Até a vista, e outro encontro, irmão do meio!
— Até, irmão de baixo.

Bem, o fato é que "ele" se afastou. Mas o abismo em volta do trono permaneceu. Aí, voltei meus olhos para aquela que o ocupava e pedi:
— Venha para junto de mim, criatura amada!
— Quem era ele?
— Você quer dizer: quem é ele, não?
— Sim, isso mesmo.
— Eu nunca o vi. Mas lhe digo que quem o vê enlouquece e nada mais vê.
— O que você negociou com ele?
— Você ouviu, não?
— Foi a mim que você negociou?
— Não, não. Eu só negociei o direito de provar-lhe que você acredita que me odeia apenas porque está confusa quanto ao amor que sente por mim.
— Mas eu não o amo!
— Sinto que me ama, amada criatura.
— Não amo, não. Eu tenho certeza de que o odeio.
— Olhe, caso você realmente me odiasse, eu não conseguiria sentir amor por você. Mas, como sinto, então tenho certeza de que o que a impede de sentir amor por mim é esse ódio que sustenta esse trono. Venha ter comigo e logo toda a sua confusão cessará.
— Como sair daqui, se me sinto paralisada?

— Quer que eu a ajude a sair desse trono que a aprisiona?
— Você teria coragem de atravessar esse abismo só para me retirar daqui?
— Só para retirá-la, não. Mas para resgatá-la da confusão que tem impedido que vibre o amor que sente por mim, sim.
— Então venha buscar-me, guerreiro! Sinto que estão puxando meu trono para baixo.
— É, estão, sim. O ódio que o sustenta, e sobre o qual ele foi erigido, é alimento muito apreciado pelos que foram tragados por este abismo. Logo, logo todo o alicerce dele terá sido devorado.
— Então venha, por favor! Estou com medo! — exclamou ela, atemorizada.
— Não se entregue ao medo, pois os que vivem nesse abismo também se alimentam das energias geradas pelo medo e pelos medrosos.
— Por favor, venha me ajudar a sair daqui! — clamou ela.
— Eu vou, amada irmã. Acalme-se, sim? Só preciso me livrar dessa minha veste, e só demorarei um instante para retirá-la.

Bem, num piscar de olhos livrei-me da capa e da espada. Aí avancei com passos firmes mas lentos na direção do abismo escuro, e quando cheguei na borda dele parei por alguns segundos antes de, resoluto, dar o primeiro passo para cruzá-lo, pois, se voltasse, seria tragado por ele. Após a planta do meu pé encostar na escuridão impenetrável, dei o segundo passo, e o terceiro... E o décimo terceiro antes de pisar na base firme, mas já meio porosa, que sustentava o trono em que ela, muito assustada, aguardava-me já de braços abertos. Após olhá-la nos olhos por alguns segundos, murmurei:

— Como é bela, amada irmã!
— Por favor, isso não é hora para elogios. Tire-me daqui! — clamou ela, num gemido aflito.
— Confie no amor que sinto por você, amada irmã. Pare de temer pela sua vida e confie no amor que você também sente por mim.
— Mas eu não o amo.
— É claro que me ama. Foi quando se esqueceu de que me amava que começou a acreditar que me odiava. Mas tudo isso já é passado, pois agora o tempo do amor voltou a existir em nossas vidas.
— Eu... Eu tento me lembrar se algum dia realmente o amei.
— Não force sua memória agora, pois o tempo urge. Apenas acredite no amor que sinto por você, e nada tema, está bem?
— Está. Mas me tire desse trono, por favor!
— Antes, diga-lhe que renuncia a ele porque o amor que sinto por você é mil vezes mais forte que o falso ódio que acreditavas sentir por mim. Só depois de você dizer isso para ele poderei tocar em você.
— Por quê?

– Para ele, você já lhe pertencia, pois continuou a ocupar um trono dele, mesmo depois do seu tempo nele já ter se esgotado. Tudo é culpa minha. Você me perdoa por tê-la abandonado por tanto tempo na ilusão do falso ódio?

– Mas você não me abandonou. Fui eu quem se afastou de tudo o que esse símbolo em seu peito representa.

– Eu adormeci muito tempo no tempo e acabei me esquecendo de você. Logo, toda a culpa pelo seu sofrimento cabe a mim.

– Não vejo onde está sua culpa se fui eu quem me afastei de você quando comecei a odiá-lo, assim como aos seus amigos.

– Eles não são só nossos amigos. Também são nossos amados irmãos, irmã do meu coração!

– Eu...

– Você me perdoa por tê-la esquecido por tanto tempo?

– Você faz questão disso?

– Só sendo perdoado por você me sentirei seguro o bastante para conduzi-la em segurança para fora desse círculo abismal.

– Eu não vejo culpa em você, mas, se isso o fará se sentir mais forte, eu o perdoo.

– Com o seu perdão não fiquei mais forte, mas, com toda certeza, finalmente uma das minhas fraquezas foi perdoada pelo senhor nosso Deus. Obrigado!

– Você é tão estranho.

– Quando tivermos tempo, mostrarei a você que não sou estranho. Apenas acordei de um sono profundo e começo a me lembrar de todos os irmãos e irmãs que um dia já amei, e sempre amarei.

– Não vai tirar-me daqui? Sinto que estou sentada sobre o nada!

– Então renuncie a esse trono do nada, amada irmã. Por amor ao nosso Senhor, renuncie a ele e deixe o verdadeiro dono dele assumi-lo!

– Eu renuncio a esse trono erigido sobre o falso ódio que por tanto tempo vibrei contra você e todos os seus amigos, guerreiro!

– Não são só meus amigos, amada irmã. Eles também são meus, seus e nossos irmãos amados.

– Isso, nossos irmãos amados, certo?

– Isso mesmo! – exclamei sorrindo e já estendendo meus braços para ela, que se agarrou neles e agarrou-se ao meu corpo, segurando-se em mim num abraço desesperado.

E no instante seguinte o trono afundou, assim como todo o solo poroso sob nossos pés. Ela ia olhar para baixo mas eu segurei seu rosto contra meu peito e pedi:

– Não olhe para baixo, querida. Por favor, não olhe.

– O que há lá em baixo?

– Não importa o que há lá embaixo. Comece a sonhar com o que certamente existe lá em cima.

– O que existe lá em cima, guerreiro?

– Muitos irmãos e irmãs que a amam muito.

– Ninguém me ama.

– É claro que a amam. Quem você acha que a sustentou por tanto tempo no nível vibratório que vinha vivendo?

– Eu, na verdade não vivia. Já me sentia morta há muito tempo.

– E tudo por culpa minha.

– Não foi sua culpa. Se fosse, eu já a teria visto nesses seus olhos.

– Foi minha sim, pois, se eu não tivesse adormecido por muito tempo, você não teria sofrido tanto e por tanto tempo!

– Por que seus olhos estão vertendo lágrimas?

– Eles estão vendo a extensão do seu sofrimento, e não consigo conter minha tristeza. Se mil vezes perdoar-me, ainda assim me sentirei triste por não ter feito nada para ajudá-la a se livrar da obsessão daquele falso ódio. Só espero que tenha se livrado dos domínios dele.

– Já não odeio mais.

– Não sabe como me sinto feliz ao ouvir isso, querida irmã!

Acariciei delicadamente o rosto dela com a ponta dos dedos e murmurei:

– Como é linda, criatura amada! Como pude fechar meus olhos para uma criatura tão bela quanto você? Onde eu estava que não a via? Será que o que realmente aconteceu foi que fiquei cego por tanto tempo?

– Eu não sou nem um pouco bonita, irm... guerreiro!

– É, sim. E não precisa ocultar o seu sentimento de irmandade, pois, aos olhos do senhor nosso Deus, todos somos irmãos desde nossa origem.

– Eu não sou linda, irmão guerreiro.

– É claro que é.

– Todos me achavam feia, horrorosa e assustadora.

– São uns tolos que não viam nada além das aparências do falso ódio que a envolvia e ocultava essa sua beleza encantadora. Você não se incomoda por eu estar a elogiá-la tão pouco tempo depois de nos reencontrarmos, não é mesmo?

– É claro que não. É o primeiro que me acha linda e me elogia. Eu também o acho muito lindo. Sinto até vontade de beijar esses seus lábios tão sensuais.

– Algo a impede de beijar-me?

– Você pode não gostar. Mas estou sentindo tanta vontade!

– Eu não a impeço nem sou empecilho, pois também sinto um desejo imenso de beijar esses seus lábios tão rosados e tão sedutores.

– Quem é essa mulher, ou melhor, essa jovem que vejo no fundo dos seus olhos?
– É você.
– Eu? Eu não sou assim.
– É claro que é, pois eu a vejo assim. E meus olhos nunca me enganam quanto ao que eu vejo!
– Eu não sou assim, queri... guerreiro.
– Diga isso de novo, por favor!
– Que não sou assim?
– Não. Repita do que ia me chamando e parou.
– Eu... Eu... Acho que ia chamando-o de querido.
– Como é delicioso ser acariciado pelas vibrações sonoras do seu amor – exclamei com os olhos embevecidos.
– Agrado-o tanto assim se o chamar de querido?
– Muito. Principalmente porque eu senti que vinha do mais íntimo do seu ser, querida.
– Eu nunca antes chamei alguém de querido. Mas você, a cada instante que passa, encanta-me ainda mais... querido.
– O que chama de encantamento é só a manifestação do amor que sinto por você pelas irradiações dos meus sentimentos. Percebe agora como ele é imenso?
– Sim. Posso até senti-lo envolvendo-me toda, e isso me proporciona prazer.
– Também sinto prazer em envolvê-la com meu amor. Mas muito mais prazer sentirei quando for acariciado pelo seu amor, que não é menor que o meu.
– Será que o meu amor é tão poderoso quanto o seu?
– Se nossos amores são poderosos ou não, isso não sei. Mas que são intensos, isso sinto que são!
– Estou me sentindo tão bem! Jamais me senti assim antes, querido... meu – falou ela, timidamente.
– Eu também estou me sentindo muito bem nesse momento tão luminoso de minha vida. Acho que só me senti assim quando outros amores me abraçaram assim como agora você me abraça. Como é bom ser envolto pelo amor de alguém que amamos.
– Fui tão tola.
– Por quê?
– Eu o odiava quando o via envolver-se com outras mulheres. Eu achava que você as hipnotizava só para usufruir do corpo delas.
– Eu não obteria prazer algum se prazer elas também não sentissem. E também não as amaria se por elas eu não fosse amado.

– Você me perdoa por eu ter sido tão má e ter tentado destruí-lo por tanto tempo?

– A culpa foi minha, pois em algum momento do meu passado fechei meus olhos para o seu imenso amor. Eu é que preciso ser perdoado por você, amada minha. Perdoa-me?

– Não fale assim, querido. Sinto vontade de chorar quando você me pede perdão pelos erros que só a mim pertencem. Perdoa-me em nome de Deus, querido!

– Eu a perdoo, amada.

– Sou de verdade uma das suas amadas?

– Nunca mais duvide disso.

– Sinto tanta vontade de chorar.

– Algo a impede de chorar?

– Não.

– Então chore à vontade, pois é o seu amor que quer se manifestar pelos teus lindos e encantadores olhos, querida.

– Sinto como se um vulcão de lágrimas estivesse prestes a explodir pelos meus olhos, mas, ainda assim, não consigo chorar.

– Deixe-me acariciá-los com beijos do meu amor. Tenho certeza de que as irradiações do meu amor romperão essa película invisível que está a represar uma das mais intensas manifestações desse seu lindo e imenso amor.

– Beije meus olhos, meu amado. Mais uma vez, faça algo para me ajudar, ainda que nunca eu tenha feito algo nesse sentido para com você.

Bem, eu beijei os olhos dela e isso foi o suficiente para ela irromper num dolorido pranto de remorso, de tristeza e de dor da ausência do amor. Apertei-a contra mim e acariciei sua cabeça com ternura e amor enquanto durou o seu pranto. E quando só restaram soluços espaçados, perguntou-me:

– O que é isso que se move sob meus pés?

– Não se preocupe com isso. Meu amor a envolve toda, querida.

– O que é? – perguntou ela, muito assustada.

– Já lhe disse que não é nada. Acalme-se, por favor!

– São serpentes, não são?

– Eu não as sinto. E quanto a você, esqueça do que sente sob seus pés, pois tudo está em outra dimensão da vida.

Ela emitiu um horrível grito de pavor e trançou as pernas ao redor da minha cintura. Então lhe pedi:

– Por favor, querida, abaixe suas pernas e não tema nada que possa estar sob seus pés.

– Nãããoooo! – exclamou ela, horrorizada. – Tenho pavor de serpentes.

– Elas são apenas espíritos que acreditam que ninguém os ama. Por favor, creia-me, e abaixe suas pernas ou não sairemos daqui.

– Por que não?

— Com o peso do seu medo eu estou afundando, querida. Não estou conseguindo pairar sobre o abismo, ainda que seja imenso o amor que sinto por você, e imensa seja a vontade de conduzi-la de volta à luz da vida.

— Lute, querido! Tire-me do meio desse horror, por favor!

— Amada criatura, não tema estes nossos irmãos que nunca foram amados. Permita a eles ao menos o direito de sentirem a sola dos seus pés. Mais do que isso eles não desejam de você neste momento, pois já é passado o tempo em que, por não amá-los, você os esmagava com o peso do seu trono.

— Eles me odeiam!

— Não é verdade. Eles só não sabem que a amam. Mas se você não os temer, eles também não a temerão, pois eles sabem que você só os esmagava porque tinha horror a serpentes. E tudo por culpa minha. Meu Deus, como errei quando não a amei! — exclamei, agoniado.

— Fui eu quem errou, querido.

— Não foi, não. Meus olhos me mostram que fui cruel contigo quando a puni em vez de amá-la. Por que eu tinha de fazer aquilo, senhor meu Deus? Por que eu tinha de me arvorar em juiz e puni-la com tanta crueldade e insensibilidade?

— Eu pequei e blasfemei. Foi justa a punição que vocês me impuseram, pois eu conhecia as leis do templo.

— Não, não e não!

— Lute, pois você é um guerreiro, querido.

— Não posso lutar contra minhas fraquezas e meus pecados. É justo que agora eu seja punido quando descobri a beleza do seu amor. Aiii! — berrei de dor.

— O que aconteceu?

— A primeira das minhas punições já me atingiu.

— Onde está aquela aura de amor que o envolvia?

— Ela está se desfazendo diante das minhas fraquezas, que já começo a ver.

— Ela é tão linda. Não deixe que uma fraqueza, já superada, enfraqueça-o no que de mais belo você possui.

— Sinto muito, mas, não me sinto em condições de lutar contra esse meu monstro interior. É melhor que ele me devore de uma vez por todas.

— Não. Você não pode sucumbir agora. Não agora!

— Por que não, se um dia fui o mais fraco dos homens?

— É por que só agora você me mostrou o quão lindo é o amor. Eu acredito no seu amor, querido amado meu.

— Agora é tarde. Estou cansado de lutar contra minhas fraquezas. Aiii!

— Lute por mim, querido. Não me deixe sofrer o suplício das serpentes novamente!

– Nada posso fazer, pois essa era uma das condições dele.

– Que condições são essas, amado?

– Que você acreditaria no amor e não mais temeria os que a odeiam, pois todo ódio nada mais é do que a ausência do amor.

– Mas eu acreditei no seu amor.

– Não o suficiente para fazê-la acreditar em mim quando lhe disse para não temê-las, pois elas eram inofensivas.

Bem, o fato é que eu já havia afundado até os joelhos, e lentamente ia submergindo naquele abismo denso, e sentindo dores lancinantes devido às picadas contra minhas pernas. Fechei meus olhos e deixei correr as lágrimas que vinha contendo a muito custo.

– As picadas doem muito, querido?

– Não. Eu posso suportá-las por toda a eternidade e ainda assim não sucumbirei. Mas... Ao ver o mal que um dia pratiquei contra você, sinto-me o mais fraco dos seres humanos.

– Você não é fraco. Eu o persegui por tanto tempo e sei que não é um fraco. Eu vou provar-lhe que acreditei no seu amor, pois também o amei assim que descobri que o meu ódio não se sustentava por si só. Ele só me dominava pela ausência do amor em mim. E você o devolveu quando beijou meus olhos.

Vamos, abra os seus, querido.

– Não quero abri-los nunca mais, irmã amada.

– Por que não?

– O meu amor não é puro e intenso o suficiente para fazê-la confiar em mim e pairar sobre esse abismo escuro.

– Ó Deus, meu Deus! Dê-me forças para vencer! Prove-me que ainda vive em mim apesar de eu ter me afastado de Ti por tanto tempo! – clamou aquela criatura amada, soltando-se do meu corpo e aliviando-me do peso que fazia com que eu afundasse. Não mais afundei, mas também não consegui retornar à superfície do abismo. Aí ela pediu:

– Por favor, abra seus olhos e veja como meu amor é mil vezes mais forte que meu medo.

– Você venceu seu medo aos nossos irmãos que estão possuídos pelo falso ódio?

– Graças ao amor de Deus por mim, venci. Já não as temo mais. E também já não temo você, pois vejo que você não estava me hipnotizando.

– Eu nunca usaria de um artifício tão frágil quanto o hipnotismo para conquistar seu amor e respeito – falei, abrindo os olhos lacrimosos.

– Dê-me suas mãos que vou retirá-lo desse abismo, meu amado amor.

Bem, ela tentou, mas não conseguiu me puxar para cima. Então falei:

– Não adianta, amada irmã. Sinto que de nada adiantou você superar seu horror aos que são odiados.

– Nós o ajudaremos, caminhante! – exclamou o filósofo, às minhas costas – Afinal, todos nós um dia erramos e pecamos ao punirmos essa nossa irmã, em vez de a amarmos ainda mais, pois o direito de julgá-la só a Deus pertencia. Nada mais certo e justo que todos nós o ajudemos a elevar-se a partir de nossas fraquezas. Você nos permite ajudá-lo a superar conosco essa nossa fraqueza?

– Não me sinto digno de elevar-me, filósofo.

– Se não se sente digno, então como nós devemos nos sentir?

– Eu fui o juiz, filósofo. Eu sou o réu. É hora de ir ao encontro do meu destino. Só submergindo me elevarei aos olhos do meu Senhor.

– Não deve deixar de lutar, caminhante. Venha, eleve-se no amor que sentimos por você.

– Vou descer, filósofo. Acho que essa é a real vontade do meu Senhor.

– Ele não quer vê-lo submergir nesse abismo escuro.

– Quer, sim. A Lei me mostrou que aqui embaixo estão milhares de irmãos nossos que ainda desconhecem que lá no alto Alguém muito, mas muito especial, ama-os com uma intensidade inimaginável.

– Quem os ama tanto assim, caminhante?

– O nosso Senhor, filósofo. É por esse amor que sinto que Ele irradia a todos esses nossos irmãos, que vou descer e falar dele a todos eles, pois precisam saber que alguém muito especial nunca deixou de amá-los.

Nesse momento "ele" falou-me:

– Não foi isso o que combinamos, irmão de baixo.

– É, não foi isso o combinado. Mas, como resistir a uma Vontade maior diante dos seus desejos?

– Não foi isso que combinamos e assim não será desta vez.

– Como será, então?

– Vá com seus amigos enquanto rumino um meio de conciliar os meus desejos com esta sua vontade.

– Tudo bem, mas sabe muito bem que diante da Vontade, meus desejos são anulados ou inexistem.

– É, eu sei. E já que é assim, leve contigo toda essa escória rastejante que torna minha existência uma coisa infernal, certo?

– Com isso...

– Com isso estou dizendo que a Vontade venceu o desejo. Já não precisa descer nos meus domínios para lembrar a eles que Alguém muito especial nunca deixou de amá-los um instante sequer. Mas não esqueça do que combinamos, certo?

– Não me esquecerei. Obrigado por facilitar as coisas para mim.

– O único que tem complicado as coisas para você tem sido você mesmo.

– É, acho que sou eu sim. Até outro encontro.

– Até.

Bem, o fato é que, como que por encanto, meu corpo começou a subir até que voltei a pairar sobre a superfície daquele abismo.

Nós caminhamos para o solo firme enquanto às nossas costas o abismo ia se fechando. E, já seguros, abracei cada um daqueles irmãos amados que, num gesto único, haviam dado provas de um imenso amor por mim quando me viram submergir no abismo que ocultava muitos dos meus monstros interiores um dia irradiados por mim.

Após abraçá-los, pedi:

– Levem com vocês essa amada irmã do nosso coração, por favor!

– Não irá conosco, irmão cristalino? – perguntou-me o irmão superior.

– Mais tarde irei ao seu encontro. Mas agora, nesse exato momento, preciso caminhar enquanto medito minha vida.

– Mais uma vez irá nos abandonar, irmão cristalino?

– Por Deus, não vou, irmão superior! Mas nunca antes me senti tão agoniado como me sinto nesse momento.

– Como pode se sentir agoniado depois do que fez?

– Eu ainda não fiz nada, pois tudo ainda está por ser feito. Preciso caminhar um pouco para suportar minha agonia.

– Que agonia é essa, caminhante? Quis saber o filósofo, meio confuso.

– Não queira conhecê-la, filósofo. Por Deus, não queira!

– Eu preciso saber o que tanto o deixa agoniado, pois só a partir daí conseguirei entendê-lo, creio eu.

– O senhor não ouviu o que "ele" disse?

– Ele quem? Quem é ele?

– Ah, o senhor não poderia ouvi-lo. Eu me esqueci que era comigo que ele falava e só eu podia ouvi-lo.

– Quem é ele?

– Ele é "ele", e nada mais me pergunte, pois nada mais poderei dizer sobre ele. Mas lhe digo que ele é aquele que, quando fala, apavora quem o ouve.

– Você o ouviu e não se apavorou.

– Eu conheço o mistério da sua existência. Logo, não preciso temer a mais ninguém além de mim mesmo.

– É isso que o deixa agoniado?

– Não.

– Se não é isso, então quem ou o quê o incomoda tanto?

– Se o senhor insistir mais uma vez, aí não terei tempo de meditar como agir diante de um acontecimento já consumado.

– Nunca me senti tão curioso em saber de algo como agora me sinto, caminhante.

– Por Deus, o senhor ousou insistir!
– Sim, eu ousei.
– Então olhe para onde estava o círculo abismal e verá surgir diante dos seus olhos, tão curiosos, uma das razões da minha agonia.
– O círculo se fechou, caminhante.
– Sim, mas sua curiosidade insaciável o abriu novamente. E agora, até que o último não tenha saído, ele não se fechará.

Bem, o fato é que o filósofo se virou para o lugar onde havia estado e exclamou:

– Meu Deus! Valei-nos, meu Deus, pois as portas do inferno foram abertas pela minha vontade de ajudar meu amado irmão caminhante!

Daquele círculo abismal saíam milhares e milhares de espíritos humanos que rastejavam, pois haviam sido reduzidos à forma de serpentes. E avançavam em nossa direção. Todos recuaram assustados, mas, quanto a mim, assentei-me e olhei fixamente para minha frente de uma forma abrangente que contemplava cada um em particular e todos em geral.

Após recebê-los, foram levados por mim a um local apropriado para acomodá-los.

Porém, algum tempo depois, retornei para junto dos meus amigos, que permaneceram calados, até que murmurei:

– É, certas coisas são como são, e não seremos nós quem as alterará, pois são inalteráveis. Assim é a vida: um ciclo contínuo em que quem já se imaginava fora dela, na verdade estava apenas se preparando para finalmente vivê-la em paz, em harmonia e em equilíbrio – murmurei.

– Sinto muito se apressei algo que a mim não competia, caminhante. – respondeu o filósofo, ao meu murmúrio.

– Não falemos sobre o que não pode ser comentado. Apenas fica para cada um o registro visual de uma coisa indescritível. Logo, o que viram foi algo só para vossos olhos, certo?

– É assim que tem de ser, caminhante?
– Sim, senhor.
– Então para mim assim será.
– Para mim também – afirmou o irmão superior.
– Eu já sabia disso – falou Melissa, a filha do filósofo.
– Quanto a mim, ainda continuo a me encantar com tudo o que vi desde que aqui cheguei – falou a irmã amada que fora um pretexto da Lei para esvaziar aquele abismo infernal. – Mas ainda me sinto um tanto confusa com tudo o que aconteceu.

– Seu despertar traz essa sensação de confusão, amada irmã. Mas isso é assim mesmo! – exclamei, já descontraído – Vou caminhar um pouco, acompanha-me?

– Não tenho mais ninguém que me compreenda!

– Nós também a compreendemos, irmã amada – falou o irmão superior. – Gostaria de nos acompanhar até nossa morada no astral?

– Eu não sei, senhor. Há pouco tempo eu desejava destruir, ferir e torturar todos vocês. E agora me sinto tão frágil e tão sozinha diante de tudo e de todos. Já não sou uma toda-poderosa senhora das trevas, e nem tenho mais as hordas de escravos que me serviam com dedicação. Tudo o que eu conhecia, possuía e vivenciava foi engolido por aquele abismo assustador. Se já não encontro razões para odiar a quem quer que seja, no entanto nunca me senti tão desamparada quanto agora me sinto.

– Eu a compreendo, irmã do meu coração. Então lhe digo que um dia, há muito tempo, eu também me senti assim. Mas alguém me estendeu suas mãos e nelas me segurei com confiança, ainda que um tanto constrangido por ser a mesma pessoa que antes eu odiava. E também lhe digo que o ódio que eu sentia por ele era nada se comparado ao amor que por mim ele sentia. Logo eu estava amando-o com uma intensidade mil vezes maior do que o falso ódio que por ele eu sentia. Aí comecei a viver, irmã amada. Aceite meu convite, pois a amo muito!

– Obrigada, senhor. Só espero não trazer-lhe transtornos.

– Se transtornos surgirem, com paciência e compreensão haveremos de superá-los, está bem?

– Não sei como agradecê-lo e a todos esses espíritos que me observam com amor.

– Isso significa que irá conosco?

– Sim, senhor.

– Ótimo! Vou vesti-la e depois volitaremos até a morada onde vivemos!

– Sim, senhor! – respondeu feliz aquela criatura amada. Mas eu, que havia identificado mais do que um amor fraternal por parte do irmão superior, disse-lhe, à guisa de advertência:

– Irmão superior, com todo o respeito que sinto pelo senhor, e do qual é merecedor, advirto-o de que só os tolos cobrem o que ainda não conhecem ou ainda desconhecem.

Após me observar por um instante, ele fez menção de abrir a boca, mas o atalhei ainda mais incisivo, e com palavras ainda mais cortantes:

– E só os tolos ocultam os sentimentos que mais gostariam de vivenciar, pois neles encontrariam um dos sentidos de suas vidas.

Ele se sentiu ofendido e respondeu-me de pronto:

– Irmão cristalino, suas palavras não são sem sentido. Mas não é a pessoa mais indicada a dizê-las a mim. Não depois de ter abandonado minha filha, que tanto o amava.

– Irmão superior, eu reconheço que fugi. Mas eu possuía uma razão muito especial para agir daquele jeito. Afinal, além de ainda me sentir confuso, tal como nesse momento se encontra essa nossa irmã, ainda fizeram comigo algo que nem a mim o meu Criador me permite fazê-lo.

– O que fizemos de tão grave contigo, irmão cristalino?

– Usaram de um artifício para conhecerem mistérios que pertencem só ao meu Criador e a mim. Ninguém mais tem o direito de tomar conhecimento deles se não for por uma manifestação deles por meu intermédio. E se eu não tivesse destruído aquele cristal, nesse momento eu seria um ser vazio, porque estaria me sentindo indigno dos mistérios a mim confiados por Ele, o meu Criador. O senhor acha pouco o motivo de minha "fuga"?

– Perdoe-me, irmão cristalino. Eu não tinha noção de que iria fazer algo tão condenável aos olhos do nosso Senhor e nem que iria revelar mistérios que só a ti foram revelados e confiados.

– Eu o perdoo, irmão. Mas digo que, se posso fazê-lo nesse momento, é porque, no meu desequilíbrio e confusão, o nosso Senhor interveio imediatamente.

– Mais uma vez lhe peço perdão, irmão cristalino.

– Mais uma vez, graças a Deus, eu posso perdoá-lo, irmão superior.

– Sim, é isso mesmo. Mais um erro meu foi perdoado, graças a Deus – respondeu-me ele, triste. Mas o mal que causei à minha filha, isso nunca será perdoado pelo nosso Senhor.

– Por que não, irmão? – perguntei curioso.

– Ao interferir no seu nascente amor, bloqueei sua ascensão rumo às esferas superiores.

– Não diga isso, porque o senhor está completamente enganado.

– Não estou, não. Quando você foi confiado a mim, era um ser próximo da angelitude. No entanto, eu o lancei numa confusão mental que o afastou da senda que estava trilhando. E o mesmo fiz com minha filha, pois ela retornou às sombras.

– O que ela faz lá?

– Reassumiu um posto junto às divindades que atuam nas trevas, ordenando-as.

– Que mulher! – exclamei feliz.

– Por que tanta felicidade, irmão cristalino?

– Ela é igual a mim. Puxa, não foi por acaso que a amei assim que a vi. Que mulher! Como ela é especial!

– Mas está distante dos que a amam.

– O que é ser amado, irmão maior?

– Para mim é convivermos com quem realmente nos ama, irmão cristalino.

– Compreendo – respondi, calando-me a seguir e pondo-me a refletir sobre minhas concepções do que realmente é "ser amado".

– Perdoe-me, não agora, mas um dia, quando não tiver mágoas de mim, irmão cristalino – pediu-me ele.

– Perdoá-lo? Nunca farei isso, irmão! – respondi.

– É, não mereço seu perdão e muito menos o de minha amada filha – murmurou ele, muito triste, ao que, após olhá-lo por algum tempo, falei:

– Se eu o perdoasse estaria desmerecendo uma graça do nosso Senhor, irmão superior!

– É. Foi imenso o mal que causei a você, irmão cristalino. Só espero que Deus me perdoe um dia.

– Ele não tem razões para perdoá-lo, irmão maior – exclamei, sorrindo.

– Não tripudie sobre alguém que se sente o mais infeliz dos servos do nosso Senhor, irmão cristalino – pediu-me ele, já com os olhos lacrimejando.

– Não estou tripudiando sobre o senhor. Por que o nosso Senhor haveria de perdoá-lo se o que julga um erro, na verdade, foi uma bênção? E, se não estou enganado, quando realizamos uma bênção, mil outras bênçãos Deus realiza em nós. Mas, sobre isso, nosso irmão filósofo pode falar com mais desenvoltura e conhecimento, certo, irmão pensador?

– É. Isso é uma verdade, caminhante. Cada vez que realizamos um grande bem e esse bem agrada aos olhos do nosso Senhor, mil outros bens Ele, por meio de nós, realiza. E se esse bem foi realizado segundo uma Vontade do nosso Senhor, então mil outros bens ele realiza por meio de nós. Foi a essa conclusão que cheguei sobre os bens por nós realizados, irmão.

– Do que vocês estão falando? – quis saber o irmão superior.

– Filósofo, o caso do irmão superior é o segundo! – exclamei.

– Mas do quê vocês falam com essas frases que nada explicam? – perguntou o irmão superior, ainda confuso e triste.

– Bem, falamos sobre a inexistência do perdão no seu caso, irmão amado – explicou-lhe o filósofo. Senão, vejamos: como Deus vai perdoar uma bênção realizada segundo uma de Suas Vontades, que são divinas?

– Mas...

– Ainda não terminei, irmão amado! – exclamou o filósofo, continuando... Sim, pois ao que concluí, após profundas reflexões a respeito das bênçãos, elas só devem ser louvadas por nós, porque são dádivas do nosso Senhor. Sim, louvar compete ao ser humano. Já, o abençoar, só a Deus é dado abençoar. Concorda comigo, caminhante? – perguntou-me o filósofo.

– Em todos os sentidos, filósofo. Melhor definição eu não seria capaz de dar sobre a natureza da bênção, nem sobre como devemos vê-la: sempre com louvor!

– Isso mesmo, caminhante. Senão, vejamos: quantos seres humanos, impuros nos sentimentos, não dizem, todos vaidosos: "Eu te abençoo!"

– É verdade! Muitos são os que fazem isso como se fizessem um imenso favor a alguém, quando, em verdade, só estão se diminuindo aos olhos do nosso Senhor pois, no princípio, somos uma benção Dele. Já, no meio, somos abençoados por Ele. E, no fim, numa benção D'Ele, haveremos de ser. Concorda, filósofo?

– Claro que sim, caminhante. Outro conceito eu não esperava ouvir dos seus abençoados lábios. Logo, a nós só é dado o ato de louvar alguém ou alguma ação. Mas nunca podemos nos arvorar em distribuidores inconsequentes de: "Eu te abençoo!"

– Do que estão falando? – perguntou, impaciente, o irmão superior.

– Da benção realizada pelo senhor, ora! – exclamei.

– Mas, eu só lhe pedi perdão, irmão cristalino!

– Eu sei disso. Mas como eu, um seu semelhante, posso dar-lhe o perdão quando realizou uma benção segundo uma Vontade do nosso Senhor?

– De que benção você está falando?

– Bem, eu pretendia caminhar. Mas acho que vamos volitar um pouco, pois, só falando dela, não poderá aquilatar a grandiosidade da benção que realizou no momento em que mandou sua filha levar-me até aquela "máquina incontrolável". Quem mais nos acompanha? – perguntei a todos.

– Eu os acompanho! – falou o filósofo.

– Eu não o deixo partir sem mim, chanceler! – falou a filha dele.

– Bem... Eu estou curiosa em conhecê-lo e poder ouvi-lo um pouco mais – falou aquela amada criatura, já agarrada ao meu braço direito. E eu, como quem a amparasse, logo passei-o pelas suas costas, apertando-a contra meu corpo, e tenho certeza de que ela estremeceu quando uma de suas coxas encostou em minha espada!

Bem, o fato é que, no fim, todos os espíritos que ali se encontravam seguiram-me.

Primeiro fomos à morada dirigida por Carlos, o irmão que havia me dado sua capa. Lá chegando, fomos recebidos com imensa alegria.

Carlos levou-os a conhecer a morada, agora ocupada por milhares de espíritos resgatados das regiões sombrias das trevas. Quanto a mim, fui ter com Rosa Maria, a irmã dele, que me recebeu com um sorriso nos lábios e com lágrimas nos olhos. E só parou de chorar quando a levei até aquele aposento ali reservado, e relatei os motivos de minha ausência tão prolongada, assim como a envolvi nos braços e a fiz esquecer de minha ausência.

Dali fomos ter com Mariana, a rainha da coroa das sete pedras, um dos tronos a serviço da Lei. A eles foi mostrado o abrigo luminoso edificado nas trevas que ela dirigia, pois, depois de algum tempo comigo, esse compromisso ela assumira. Para o abrigo, ela recolhia espíritos esgotados em todos os sentidos.

Em dado momento ela ordenou a uma de suas auxiliares que continuasse a mostrar aos visitantes o restante do abrigo e me conduziu àquele aposento existente atrás do seu trono e, já a sós, falou-me:

– Aquelas duas são razões suficientes o bastante para impedi-lo de vir ter comigo por alguns momentos?

– Não são só elas, amada Mariana.

– Então já há outras mais?

– São tantas as razões dessa minha prolongada ausência!

– Tantas? Você disse tantas?

– Bem, digamos que só são muitas, certo?

– Quantas mais além das que lhe ofereci, só para tê-lo próximo de mim?

– Ora, como vou saber quantas, se sou muito esquecido?

– Será que já se esqueceu dos momentos que, juntos, descobrimos muito sobre nós?

– Isso não. Certas coisas são inesquecíveis.

– Quais, por exemplo?

– Todas.

– Isso é bom, chanceler inesquecível!

– É, sim. É muito bom mesmo.

Bem, não tivemos tempo para relembrarmos tudo. Mas conseguimos relembrar de muitas coisas enquanto eles visitavam o abrigo protegido por Mariana, a rainha da coroa das sete pedras.

Mas, ao me despedir dela, creio que alguém não apreciou nem um pouco o modo como ela se despediu: colou seu belo corpo ao meu e deu-me um beijo que posso chamar de inesquecível!

Melissa, mais tarde, observou-me:

– Nunca trocamos um beijo como aqueles.

– É verdade. Mas também nunca nos despedimos, certo?

– É. Isso é! Mas bem que podíamos nos beijar daquele jeito sem ter que ser numa despedida, não acha?

– Acho, sim. Sua observação já está anotada, querida e amada Melissa. Assim como aquele seu ciumento olhar!

– Bem, não pude impedir a manifestação de um sentimento negativo, ainda que eu já saiba que não sou a única em sua vida.

– Não as olhe assim, Melissa. Procure vê-las como irmãs que não amavam e nem eram amadas. Mas quando, por um desígnio da vida e da Lei, eu as amei em todos os sentidos com muita intensidade, passei a ser amado por elas como se eu fosse alguém muito especial.

– Mas você é especial, querido. Perdoa-me?

– Não vejo razões para tanto. Mas esclarecê-la, isso sempre farei quando achar necessário, pois foi após me amarem que começaram a amar a todos. Além do mais, se sou um grande amor na vida delas, para elas, já não sou o único.

– É, eu errei, não é mesmo?

– Quando tiver outros grandes amores em sua vida, então compreenderá como isso acontece.

– Contigo, tudo isso aprenderei, meu amado anjo.

– Mesmo eu não sendo um anjo, com certeza esse seu sentimento negativo anularei, amada Melissa. Vamos?

– Aonde, querido?

– À morada de Marina, outro dos meus grandes amores. Duvido que após algum tempo com ela você não a ame como alguém muito especial.

Bem, dali volitamos à morada de Marina, já em outro plano da Lei e da vida. Surgimos, todos nós, bem diante do portal da morada e a primeira que vi foi exatamente ela, minha amada, querida e adorada Marina, que ficou sem saber o que fazer ou dizer.

Eu sentia que ela queria dizer algo e não conseguia. Queria se mover, mas, estava paralisada. Então caminhei até ficar a dois passos dela e abri os braços, dizendo-lhe:

– Será que ao menos um abraço a flor do meu amor não irá me dar depois de uma longa ausência da sua divina morada e da sua agradável companhia?

Marina lançou-se ao meu encontro e abraçou-me forte, como se quisesse me reter junto a si para sempre, fundindo-se ao meu corpo. E um convulsivo pranto explodiu do seu íntimo, sacudindo-a toda.

O pranto dela foi tão sentido que me emocionei e em silêncio derramei minhas lágrimas. De nada adiantava acariciar sua cabeça, pois nada interromperia aquela manifestação do que ela sentia. Mas muito tempo depois, ainda chorando, ela acariciou meu rosto, cabelos e peito como a se certificar de que era eu mesmo que estava ali. Segurei aquele rosto lindo com delicadeza e beijei os olhos dela, dizendo-lhe:

– Está tudo bem, querida e amada criatura do meu Senhor! Acalme-se pois sou eu mesmo!

– Por Deus, amado! Onde estava?

– Por aí, dando uma caminhada.

– Sofri tanto desde que partiu!

– Por que, amada?

– Por Deus, pensei que o havia perdido! Eu não conseguia vê-lo, ainda que usasse de minha visão mais abrangente. Eu só o via envolto por sombras assustadoras, que eu sentia serem hostis a você. E foi assim durante muito tempo, querido. Mas quando um manto escuro o encobriu todo e nada mais vi ou senti, acreditei que nunca mais iria rever o grande amor de minha vida. Como sofri!

– Foi por isso que estava tão apática quando cheguei?

– Sim.

– Pois agora que já sabe que estou bem, quero apresentar-lhe os amigos e irmãos do meu coração. Mas não gostaria que você os recebesse com lágrimas tristes nos olhos, pois a alegria deve estar presente nos reencontros dos que se amam, querida.

– Logo estarei sorrindo de alegria. Mas, antes, tenho que verter em lágrimas toda a angústia e aflição que acumulei nessa sua ausência.

– De outra vez avisá-la-ei antes de dar uma de minhas caminhadas, está bem?

– Por favor, faça isso por mim, pois quando despertei e não o vi velando meu sono e nem o encontrei nos limites de nossa morada, pensei muitas coisas sem sentido. E cada uma era mais sombria que a outra. Orei muito pelo seu bem-estar.

– Muito louváveis foram suas orações e sua preocupação com meu bem-estar. Creio que se agora estou aqui, devo a você parte do amparo divino que me sustentou numa das mais difíceis provas a que fui submetido. Mas não falemos de coisas tristes, e já superadas. Venha, conheça irmãos e irmãs que certamente irá amar tanto quanto me ama.

– Quem são eles? – perguntou Marina, depois de dar uma olhada rápida para aquele grupo de espíritos que, a certa distância, nos observava com curiosidade.

– Amadas criaturas do nosso Senhor, e irmãos e irmãs do meu coração.

– Se são irmãos do seu coração, então também já são do meu, querido!

– É. São sim, amada irmã.

Bem, à medida que eu ia apresentando aquele espíritos a Marina, ela os abraçava como se já fizessem parte de sua vida. Mas quando ela abraçou o irmão superior, este a envolveu num abraço terno e começou a soluçar. E não a soltou, ainda que os soluços tivessem dado lugar a um pranto comovente, que a princípio quase ninguém entendeu. Marina, que era toda ternura, segurou o rosto dele entre suas mãos e beijou os seus olhos com delicadeza, dizendo-lhe a seguir:

– Eu também o amo muito, irmão amado! Amei-o assim que o vi, e sei que nunca mais deixarei de amá-lo!

– Por Deus! – exclamou o irmão superior, caindo de joelhos. E, abraçando-a pela cintura, continuou a chorar, o que incomodou ainda mais os espíritos ali presentes. Marina acariciou com delicadeza, amor e ternura os seus cabelos longos, fartos e grisalhos antes de segurá-lo pelos ombros e de levantá-lo. Então segurou-o por um braço e falou-lhe:

– Estou tão emocionada que não consigo identificá-lo. Mas sinto que nossas vidas têm algo em comum, amado irmão.

– Por Deus, irmã do meu coração, é claro que elas têm muitas coisas em comum ainda que você não se recorde de mim, pois razões não lhe ofereci quando tive oportunidade de dá-las. Por favor, perdoe-me!

– Não vejo razões para perdoá-lo pelo que quer que seja. Só sinto existirem razões para amá-lo.

– Quantas vezes eu me perdia nos vazios de minha vida e via esse seu rosto tão belo! Foram tantas as vezes que a vi, que a procurava no rosto de todas as mulheres que surgiam na minha frente. Só há pouco vi um rosto muito parecido com o seu, e de imediato acreditei tratar-se de você.

– Mas não era eu, não é mesmo?

– Não, não era. Mas eu me sentia tão vazio que se não a tivesse encontrado aqui, nada me faria deixar de acreditar que ela era você, ainda que não fosse.

– Já se sente melhor, irmão?

– Sim, muito melhor. Mas não... E o irmão superior calou-se, desviando os olhos para o alto.

– Mas não... – insistiu Marina, segurando novamente o rosto dele entre suas mãos e obrigando-o a olhá-la novamente.

– Não tenho o direito de revelar meus sentimentos.

– Por que não? – ela quis saber, já curiosa.

– Estive ausente de sua vida, e nada fiz para merecer partilhar dela. Eu a perdi no tempo, e quando a percebia num dos vazios de minha vida, não ousava adentrá-lo para reencontrá-la.

– De onde nos conhecemos, irmão amado?

– De um passado remoto. Foi há muito tempo quando a vi e comecei a amá-la. Fui obrigado a me casar com outra mulher por questões de família... E porque você era muito jovem. Mas a vi crescer e se casar com um desafeto meu. Vi seu sofrimento e desilusões e nada fiz para minorá-los, ainda que em nada eu tenha contribuído para agravá-los, mesmo odiando àquele que agoniava o meu amor. Como fui fraco e covarde!

– Você podia intervir ou interferir na minha vida naquele tempo?

– Eu não podia. Mas devia ter feito algo.

– Havia algo que o impedia?

– Sim, havia.

– Então não podia fazer nada. Ficar quieto era sua única alternativa.

– Mas eu...

– Você podia, irmão amado?

– Não, eu não podia.

– Então fez o melhor, certo?

– Eu...

– Sim ou não, irmão amado?

– Bem, sim. Acho que sim. Mas nunca me perdoei por não ter feito nada. E, mais uma vez, chego tarde.

– Por quê?

– Já tem o amor do nosso irmão cristalino, a quem também amo muito.

– Para um amor se manifestar outro não pode haver?

– Bem, vocês se amam muito. E isso eu vi há pouco, quando se reencontravam. Foi comovente o seu reencontro.

– Mas o nosso também foi, irmão do meu amor e do meu coração. São emoções diferentes, mas são emoções que nos comovem e permitem que os sentimentos nobres do amor se manifestem espontaneamente, enobrecendo-nos ainda mais. Logo, se eu não tivesse outras razões para amá-lo intensamente, já o amaria só por me sentir amada por você.

– Seu amor é generoso, muito generoso!

– O seu também é. Mesmo não estando comigo, nunca deixou de me amar. Só sinto não ter sabido antes que existia alguém tão encantador quanto você a me enviar irradiações de amor, mesmo estando eu submersa num pântano de desamor. E, com certeza, essas suas irradiações contribuíram, e muito, para que mais ainda eu não submergisse no meu pântano pessoal.

– O que posso dizer ouvindo isso, irmã amada?

– Bem, que tal dizer-me: eu a amo?

– Será que tenho esse direito? – perguntou ele, muito encabulado.

Aí, eu que a tudo assistia em silêncio, mas muito curioso, exclamei:

– Irmão! Será que vou ter de chamá-lo mais uma vez de tolo em tão pouco tempo?

– Por que, irmão cristalino? – quis saber ele.

– Ora, antes queria cobrir alguém antes de descobrir o que havia para ser revelado. Agora teme revelar o que manteve oculto durante tanto tempo, e impediu que revelasse um sentimento tão nobre, como é o amor de um homem por uma mulher. E ainda mais agora que essa mulher está se revelando tão claramente diante dos teus olhos! Por Deus!, é por isso que tem tanto vazio em sua vida ainda que ela nunca tenha sido vazia. Ame e se deixe amar quando o amor se apresenta. E não se preocupe com as consequências, pois, se surgirem, certamente não serão piores do que seriam por não vivenciar um dos seus grandes amores.

– Mas ela também o ama, irmão cristalino!

– E daí? Isso, aos meus olhos, só a enobrece ainda mais. Se me amar já a enobrece, amar a nós dois a diviniza, porque ela está nos mostrando o quão imenso é o seu amor, que nela se manifesta tão espontaneamente. E divino será o seu amor quando estiver amando a todos ao mesmo tempo, pois é isso que torna divino o nosso Criador: Ele ama a todos nós ao mesmo tempo, e durante o tempo todo. Ora!

– Bem, não sei o que dizer depois de ouvi-los.

– Então, que tal dizer a Marina que a ama muito e deseja partilhar com ela o seu imenso amor?

– É. É isso mesmo – falou ele, calando-se a seguir. Eu não me contive e, virando-me para o filósofo, perguntei:

– Irmão pensador, o que tem a dizer sobre isso? Será que o irmão superior tem dificuldades em aprender com os exemplos que tenho mostrado a ele desde que comecei a mostrar-lhe os frutos do meu amor?

– Não sei não, caminhante. Mas acho que ele não teve um bom mestre nesse sentido.

– Será?

– É, acho que ele não teve mesmo! Senão, ele seria como aquele seu discípulo, o Carlos, que tem seguido seus ensinamentos ao pé da letra e vive cercado de irmãs que muito o amam e com ele completam suas vidas. Ou não foi isso que vi quando estivemos com ele?

– É, eu também vi isso. Eu me senti feliz ao ver que ele multiplicava o amor em vez de dividi-lo com um único ser. E digo mais: ainda que tenha tido um pouco de trabalho para despertá-lo, senti muito orgulho ao ver que ele sabe conciliar os vários sentidos da vida com todos os sentidos do amor.

Também digo que, se isso não é muito comum nos seres, no entanto, é isso que honra nosso humanismo: amar a todos sem medo de amar, pois só amando a todos seremos amados por alguns. Afinal, aos que se amam, não importa o que digam sobre eles, mas, sim, o que sentem por amarem e estarem sendo amados por quem amam.

– Caminhante, vejo mais adiante um belo bosque. Que tal caminharmos até ele enquanto revela para mim alguns dos conceitos que apurou no decorrer dos séculos sobre os sentidos do amor?

– Quem o senhor acha que eu sou para discorrer sobre isso a um mestre como o senhor?

– Não sei não, mas acho que passei muito tempo pensando sobre muitas coisas e acabei me esquecendo de como deveria agir diante de algumas outras. E, se não me engano, nunca mais encontrarei outro tão apto a me ensinar certas coisas que não vivencio por não ousar ou por ignorar.

– Mas o senhor, um pensador, deve saber como agir diante do que se lhe apresentar, certo?

– Como saber, se fiquei admirado cada vez que o vi ser abraçado com amor, carinho e ternura em cada lugar que nos levou, e por irmãs animadas por naturezas tão diferentes? Ou estou enganado sobre a natureza delas?

– Não, não está.

– Então, como isso é possível a um só ser?

– Bem, aí já é um mistério, certo?

– E, como tal, não pode ser revelado.

– Isso mesmo. Mas, como tal, ele tem se mostrado o tempo todo para quem tem olhos para vê-lo.

– Eu tenho visto olhos que olham para esse seu mistério, e dele não se desviam ainda que não estejam olhando diretamente para ele.

– Aí está a chave dos mistérios, filósofo. Nunca os veremos se olharmos diretamente para eles. Se fixarmos nossos olhos neles, nada mais veremos além de um sentido igual a todos os outros, ainda que singulares nas suas formas. Mas se não os olharmos fixamente, mas deles não desviarmos nossos olhos, então começamos a descobrir como ocorre a revelação deles aos nossos olhos.

– Isso merece meditações muito profundas, caminhante.

– É, muito profundas mesmo. Mas, como é um grande pensador, creio que com o tempo alcançará a profundidade de todos os mistérios que se têm mostrado ao senhor e nunca puderam se revelar, pois não ousou mergulhar no interior deles e fazê-los se mostrarem claros, simples e compreensíveis.

Eu os olho. E, só de olhá-los, aos meus olhos eles se revelam e se abrem para que melhor e mais profundamente eu possa conhecê-los e revelá-los aos meus olhos, já encantados por eles: os mistérios do meu mistério, que é o mistério da minha vida.

– Por que tivemos que ser separados tão bruscamente, caminhante?

– Coisas da vida, filósofo. Só ela tem a resposta. Logo, deixemos isso para que ela um dia nos revele quando estivermos aptos a compreender as suas razões. Até lá, vivamos nossas vidas segundo a vida se apresentar, certo?

– Temos outras alternativas, caminhante?

– Não temos. Essa falta de alternativas o incomoda?

– Tanto quanto a você, creio eu.

– É, incomoda, sim. Ainda mais quando medito o que tenho feito ultimamente.

– Ainda não o agradeci pelo que fez por minha filha Melissa.

– Não é preciso. O que fiz foi recolher mais um dos meus erros e transformá-lo em um sentimento nobre.

– Não pense que não tentei alterar os sentimentos dela.

– Eu não tenho dúvidas sobre isso, mas sei que não seriam palavras que iriam alterar os sentimentos dela. Se consegui algum resultado foi por ter acesso às esferas extra-humanas. Conduzindo-a até elas, fiz com que ela esgotasse seus sentimentos negativos por meio de uma catarse emocional.

– É assim que você tem anulado os sentimentos negativos dos que o têm na conta de inimigo?

– Às vezes. Mas em certos casos conduzo-os ao encontro de sentimentos mil vezes mais intensos e mais negativos do que os que vibram contra mim.

– Tal como fez com aquela irmã que queria anular a todos nós?

– Sim.

– Por que fraquejou?

– Por falta de outras alternativas, filósofo.

– Quem era aquele que só falava contigo?

– Ele é ele. Não me pergunte mais nada, pois nada mais falarei sobre ele.

– Foi "ele" quem não lhe permitiu outra alternativa?

– Em parte. Mas uma parte muito poderosa.

– Também foi ele quem conduziu Melissa e todas as outras ao seu encontro?

– Sim e não.

– Como assim?

– Bem, um dia adormeci e quando acordei todo o mundo espiritual havia se aberto para mim. Descobri como captar energias com meus sentidos. E a me manter energeticamente equilibrado. Estou ligado a inúmeras fontes de energias desde então. Agora preciso dar vazão a elas ou vão se acumulando nos meus sentidos.

Depois desse despertar no mundo espiritual, nunca mais tive o controle do que devo realizar. As coisas acontecem, e pronto! Mas sempre num certo sentido, compreende?

– É, acho que compreendo.

– Então não falemos mais sobre o que não pode ser dito, está bem?

– Então falaremos sobre o quê?

– Sobre Melissa.

– O que tem a dizer-me sobre ela, caminhante?

– Eu sei que existe um domínio nas trevas à espera dela, e um trono que só ela pode se assentar.

– Mas...

– Nada mudou, filósofo. E no entanto nada mais é como era.

– Você não a libertou do domínio daquele trono infernal?

– Sim. Mas não tenho ninguém mais apto do que Melissa para ocupá-lo.

– Não o compreendo, caminhante.

— Não tive alternativa: ou era assim ou nada mais poderia ser. Melissa voltará a ocupá-lo, pois naquele domínio estão centenas de milhares ou talvez milhões de espíritos que, ou sobem com ela ou nunca permitirão que ela suba. É a Lei, filósofo!

— Então não tenho minha filha de volta?

— Sim, o senhor a tem. Mas ela não poderá deixar para trás todos os que a amam.

— Mas lá, no inferno em que ela vivia até há pouco, só vivem os que odeiam, caminhante!

— Se eles odeiam, é porque não conseguem amar, ainda. Logo, só Melissa conseguirá anular o ódio deles com suas vibrações de amor, mil vezes mais intensas que as dos seus ódios.

— Quem a sustentará naquele domínio?

— Minha espada sustenta aquele trono. E, enquanto for assim, nenhuma voz, nenhuma cabeça e nenhum sentido irá reclamá-lo, desafiá-lo ou tentar destruí-lo.

— Quem sustentará Melissa na vibração do amor num meio dominado pelo ódio?

— O que está atrás da minha espada.

— O seu sexo?

— Não. Eu é que estou atrás de minha espada, filósofo!

— Você?

— Sim, eu mesmo.

— Mas às vezes o vejo tão frágil, tão confuso e tão inseguro!

— Quem não se sentiria assim se tivesse que assumir tanta responsabilidade diante do nosso Senhor, em que toda autossuficiência desaparece frente ao Seu esplendor?

— Às vezes você parece tão distante D'Ele, caminhante!

— É. Às vezes pareço estar. Mas logo descubro que se procedo assim é porque estou caminhando num meio onde está se manifestando com muita intensidade uma imensa ausência do meu Senhor. Como não tenho alternativas, logo sou impelido a assumir o lugar onde ela está se manifestando para que, a partir de então, Ele ali comece a se manifestar com intensidade.

— Por meio do que está por trás de sua espada.

— Isso mesmo. E quanto mais intenso for o meio usado, mais intensamente Ele se manifestará.

— Se minha sensibilidade e capacidade de observação não falharam, com a irmã que há pouco encantou nosso irmão superior, a intensidade extrapolou os limites humanos, certo?

— É, foi isso que realmente aconteceu, filósofo.

— Ela agora é uma expressão humana do sentido do amor?

— É, ela agora é isso.

— As irradiações dela também me emocionaram, caminhante.

— Imagino que sim, ou então foi o acaso que o fez se recordar dos seus vazios.

— O acaso não existe, caminhante. Nós dois sabemos muito bem disso, não?

— É, nós sabemos. Logo, por que negar a si mesmo, e a alguns adoráveis espíritos femininos, bons momentos de prazer? Por acaso sua fé no Criador não é tão intensa que não resista ao mais humanos dos atos?

Por que bloquear um dos sentidos de sua vida, filósofo? Não lhe ocorre que o amor do nosso Senhor só irá se intensificar caso venha amar também nesse sentido? Não lhe ocorre que o "Amor Vivo" amou tanto uma mulher tida como adúltera porque viu que ela apenas amara, em vez de ter feito o que diziam: ter sido infiel ao marido?

— Bem, o Divino Mestre realmente defendeu aquela adúltera, assim como amparou com seu amor vivo as prostitutas. Mas isso se deve ao fato de...

— Ele amar os que, mesmo não tendo consciência, só queriam amar, certo?

— Preciso meditar isso, caminhante.

— Enquanto medita, alguém em algum lugar continua a sofrer, pois acredita que não o agradou, ainda que muito o tenha amado, irmão de jornada!

— É, acho que ela sofre.

— Então vá até ela e deixe que o amor dela flua através dos seus sentidos, filósofo. Logo essa sua mente tão meditativa começará a adormecer e dar lugar à livre manifestação de sentimentos que, de tão espontâneos que são, prescindem de nosso racionalismo. O amor não é racional nem emocional. Ele apenas precisa que o deixemos fluir em todos os nossos sentidos, e não o bloqueemos caso ele venha a se manifestar por um meio que muitos condenam: o sexo. Lembre-se sempre de que, tanto o desejo como o sexo são meios pelos quais o amor nos conduz à vida, filósofo!

— É, você está certo mais uma vez, caminhante. Só sinto que o tenham afastado de mim tão violentamente. Logo após você ter ingerido a cicuta o racionalismo me possuiu por inteiro e em todos os sentidos.

— Teve outra alternativa?

— Não.

— Então era assim que tudo devia ter sido, filósofo.

— Mas não terá de ser assim indefinidamente, certo?

— Algo o impede de ir até onde alguém o aguarda, toda amor?

— Não, nada me impede.

— Logo, por que ainda permanece comigo quando uma linda mulher quer envolvê-lo com intensas irradiações de amor, amor e amor?

— E quanto a Melissa?

– Eu cuido dela, está bem?
– Não a verei mais?
– É claro que a verá. Pedirei ao irmão superior para que a agregue a uma irradiação da Lei. Com isso, ela terá um meio para transpor para a Luz todos os que a amam e não queiram continuar lá, nos seus domínios negativos.
– Isso é possível, caminhante?
– É claro que sim. Agora vá, está bem?
– Até a vista, caminhante.
– Até, irmão amado.

Bem, o fato é que o filósofo, um ser movido pelos dons da fé e da razão, finalmente abriu seu coração para o amor e não encontrou só uma criatura à sua espera. Mas isso é outra história, pois ele, um pensador, havia passado mais de dois mil anos se dedicando apenas a despertar a fé em uns e a razão em outros. E creio que se não fosse pela transformação acontecida com Melissa, ao amor ele não se abriria. Mas, ao vê-la resgatada, ainda que parcialmente pelo meu mistério, descobriu que nem tudo pode ser resolvido apenas pela fé ou pela razão. Afinal, por outros sentidos a vida também se manifesta.

Quanto a mim, foi com satisfação que soube que o irmão superior havia encaminhado Melissa a uma irradiação da Lei, em que ela conquistou o direito de alcançar o meio humano. Com isso, ela, já esclarecida, deu início ao esvaziamento dos seus domínios nas trevas. Ela começou a retirar dele todos os espíritos que já haviam esgotado seus sentimentos negativos. O único problema, para mim, é que, a exemplo de todas as outras, ela os trazia para eu curá-los e devolver-lhes as energias humanas, em mim inesgotáveis. E no princípio foram tantos!

Bem, quanto a mim, continuei com minhas jornadas, cada vez por caminhos mais sombrios. Eles eram tão densos que encontrei sombras impossíveis de descrever. Mas o fato é que elas tiveram uma presença marcante em minha vida, pois tive acesso a verdadeiros mistérios.

E tão grandioso era um deles que, por seu poder, resgatei a maioria dos monstros interiores irradiados por mim no decorrer de minhas muitas vidas. Mas também fiquei abalado com o que a mim foi revelado por ele.

Quando se passou algum tempo, e reencontrei vários irmãos do meu coração, eles notaram as transformações que eu sofrera com as revelações do maravilhoso mistério.

Notaram que eu estava arredio naquele momento e tentaram me envolver em uma vibração mais fraterna. Mas a única coisa que conseguiram foi serem absorvidos pelo meu mistério. E ainda hoje estão às voltas com os seus deveres e obrigações. Mas nenhum se sentiu enganado ou ludibriado com o que encontraram, pois também recolheram muitos dos monstros interiores irradiados por eles no decorrer dos tempos já vividos.

O fato é que continuei com minhas incursões nas trevas e resgatei dos abismos muitos espíritos que nada mais possuíam além de dor e de insatisfação, pois haviam esgotado todos os vícios dos seus negativos. E, como ficaram agregados ao meu mistério, tornei-me ainda mais inseguro e arredio.

Se por um lado meu mistério atraía a tantos, por outro lado o meu emocional, abalado por tanta responsabilidade, isolava-me dos meus irmãos e irmãs do coração.

Houve um tempo em que fui cobrado por meu isolamento. Mas, como nada tinha a responder, fui-me recolhendo mais ainda em mim mesmo.

Vez ou outra consultava algum deles sobre alguma coisa. Mas era só.

E assim foi até que a agonia total se apossou do meu ser e passei a ser um caminhante sem rumo próprio. Restando com meus irmãos só a ligação que não podia ser terminada, pois sempre que recolhiam nas trevas espíritos totalmente esgotados energeticamente, traziam-nos a mim para que fossem reenergizados.

Assim, para eles, eu havia me tornado um curador de espíritos incuráveis pelos meios normais ao alcance deles, que não compreendiam como eu, um ser outrora tão ativo, havia se recolhido tanto. Mas o tempo foi passando e mesmo esse meu isolamento começou a ser visto com outros olhos por eles, pois o que no princípio era só como uma faculdade de doar energias humanas a espíritos totalmente esgotados, passou a ser visto como uma inesgotável capacidade minha de reenergizar centenas ou até mesmo milhares de seres reduzidos à dor.

Às vezes alguém mais íntimo vinha até onde eu vivia e me apresentava um irmão ou irmã para logo a seguir dizer-me: "Irmão curador de espíritos, este é o irmão tal que com certa regularidade incursiona nas trevas à cata de espíritos do jeito que estão. Talvez só você possa curá-los, certo?"

– Tudo bem, irmão. Mas terão de ficar à espera, pois são muitos os que tenho que curar.

Mas o pior, e que aumentava minha agonia, é que, enquanto eu não os curasse, tinha que absorver parte das dores irradiadas por eles.

Como esse era o único elo que ainda me unia aos meus amados irmãos espíritos, o tempo se encarregou de torná-lo tão forte que nada poderia rompê-lo, ainda que em certos momentos eu sentisse um desejo imenso de deixar de sentir o incômodo causado pelas dores absorvidas daqueles espíritos sofredores.

E tantas foram as dores e os momentos de angústia por mim vivenciados que outros olhos, que não os dos meus irmãos amados, voltaram-se para mim, um ser agoniado na ausência da vontade de viver.

Sim, até o sono eterno desejei inúmeras vezes, pois minha agonia me conduzia ao vazio absoluto.

Às vezes a minha capacidade inesgotável de doar energias me irritava, mas, ainda assim, eu continuava a doá-las aos que estavam exauridos.

Foi então que esses outros olhos se mostraram para mim e fui conduzido ao encontro do mistério dos mistérios. Eu, ao conhecê-lo parcialmente, tentei recuar. Só que já não havia mais retorno. Fui totalmente absorvido por ele e passei a vivê-lo com intensidade.

E foi essa intensidade com que o vivenciei que me trouxe de volta à vida, ainda que parcialmente, pois nele eu conseguia vislumbrar o meu fim num futuro distante.

Também foi nessa vivenciação que reencontrei a filha do irmão superior. Eu a vi com outros olhos: os olhos do mais puro dos amores que eu poderia sentir por alguém. Envolvi-a com tanta intensidade que todas as suas dores da ausência do amor foram anuladas. Eu a envolvi tanto que ela se ligou ao meu mistério maior e passou a ser um apoio muito importante nos momentos em que a agonia em minha vida se tornava anuladora dos meus sentidos, absorvidos pelo meu mistério.

Assim, ainda hoje anseio pelo tempo em que talvez toda essa minha agonia venha a se transformar em um êxtase de ordem divina.

Mas, como continuo recolhido em mim mesmo, vou curando os espíritos exauridos energeticamente, e vou realizando minha parte num mistério que, de tão grandioso que é, só com meu Senhor posso falar, e ainda assim, só para "ouvi-Lo".

E, por assim ser, e assim ter de ser, aqui encerro esta narrativa de minhas caminhadas e volto meus olhos para mim mesmo pois, mesmo para mim, sou um mistério: vivo a agonia na expectativa do êxtase, e almejo o êxtase na ânsia de anular minha agonia.

FIM

*A narrativa do espírito "irmão cristalino"
foi feita pelo "espírito" Maria Alice Nascimento,
uma irmã do "caminhante"
Chanceler do Amor.*